人物叢書

新装版

藤原広嗣

ふじわらのひろつぐ

北　啓太

日本歴史学会編集

吉川弘文館

藤原広嗣の名が見える文書

（正倉院文書「上階官人歴名」）（正倉院宝物）

諸國毎國冩法華經十部并建七重塔焉　八月
甲戌和泉監并河内國焉　癸未大宰少貳從五
位下藤原朝臣廣嗣上表指時政之得失陳天地
之災異因以除僧正玄昉法師右衛士督從五位上
下道朝臣眞備爲言　九月丁亥廣嗣遂起兵反
勅以從四位上大野朝臣東人爲大將軍從五位上
紀朝臣飯麻呂爲副將軍軍監軍曹各四人徴
發東海東山山陰山陽南海五道軍一万七千人
委東人等持節討之　戊子召隼人廿四人於御
在所右大臣橘宿祢諸兄宣勅授位各有差

藤原広嗣の乱の勃発記事

(『続日本紀』天平 12 年 8 月癸未条・9 月丁亥条)(名古屋市蓬左文庫蔵)

はしがき

藤原朝臣広嗣は、藤原氏の始祖鎌足の曽孫で、八世紀、奈良時代の初期に生を享けた貴族である。

鎌足に始まる藤原氏は、その子不比等が継承して大氏族となる基盤を築き、ついで不比等の四人の男子が並んで政界に重きをなして、氏族の幅を広げた。広嗣はその次の世代にあたり、この世代でさらに一族の幅は広がった。広嗣の従兄弟や弟たちには、奈良時代の中・後期に太政官首班となり、あるいは実力者となって活躍している者が何人もいる。広嗣も同様に奈良時代の政治家として活躍する大いなる可能性を秘めた存在であった。ところが天平九年（七三七）の疫病により父宇合ら不比等四子が全滅し、激変した政治のもとで、同十二年、若くして反乱者となってしまい、そのまま敗死した。広嗣と言えば、一般的には、ほぼこの藤原広嗣の乱の一事のみで知られているのではないだろうか。

本書でもそれ以外に付け加えられる内容は多くない。何しろ乱関係を除くと確かな史料が少ないのである。五位以上にならないと特別なことがないと正史には記載されないのだが、乱の時には五位になってわずか三年、まだ二十代だったと考えられる広嗣に、確かな史料に基づく事跡というものはあまり求められない。

したがって本書では広嗣に関わる周囲の状況や歴史の流れをみていくことによって、広嗣という人物を理解できるよう、叙述を進める場合があることを御理解いただきたい。一方、細かなことをくどくどと考証的に述べたところもあるが、広嗣についての史料が少ない中で、明らかになることはなるべく根拠とともに示しておきたいと思ったからである。

なお広嗣の乱の発端になった彼の上表があり、その上表文が『松浦廟宮先祖次第幷本縁起』という書に載っている。この上表文は重要な史料になるけれども、真偽の問題がある。本書では真偽についての立場を明らかにしているが、上表文に基づく見解についてはなるべく区別しやすいよう、つとめたつもりである。

広嗣の時代の基本史料は正史の『続日本紀』で、同書による記述は、直接引用以外は原則として典拠記載を省略する。また広嗣は後世の史料ではよく広継とも表記されるが、本書では『続日本紀』に従い、史料引用の場合を除き広嗣に統一する。なお漢文史料の引用は読み下し文を原則とするが、行論の都合上、原文で引く場合がある。

執筆にあたっては多くの先行研究を参考にしたが、煩瑣になるので本文中では論稿名を示していない場合も多く、示す場合も副題は省略した。巻末参考文献を参照していただきたいが、それも主要なものに限っている。御寛恕を請う次第である。また九州各地その他の関係する現地を見て回り、地元図書館等で種々調査を行ったが、その時をはじめ、本書のために御教示を賜り、お世話になった方々にこの場であらためてお礼を申し上げたい。

本書の執筆は十年以上前に依頼があったもので、ここまで時間がかかったが、執筆の最終段階はあたかも新型コロナウイルス感染症大流行の時期となり、コロナ流行と天平の疫病が頭の中で交差した。広嗣は疫病の影響を大きく受けた政治の中で苦闘した貴族であった。その生き方や周辺の事柄をできる限り明らかにできればと思う。

二〇二三年六月

北 啓太

目　次

口絵

挿図

挿表

第一　家系、一族

一　父宇合と藤原氏一族

祖父藤原不比等

藤原朝臣（あそん）広嗣の父は宇合（うまかい）、祖父は不比等（ふひと）である。不比等は鎌足（かまたり）の次男で、出家のうえ早世した兄定恵（じょうえ）にかわり鎌足の後を継ぎ、鎌足に賜った藤原姓を、ほかの中臣（なかとみ）氏を排して唯一継承する詔（みことのり）を受けた。大宝律令（たいほうりつりょう）の編纂に重要な役割を果たし、奈良時代初期の政治を主導した大政治家である。彼は草壁（くさかべ）皇子の系統による皇位継承の路線を擁護し、娘の宮子（みやこ）を文武（もんむ）天皇（草壁皇子の子）の夫人（ぶにん）にするばかりか、宮子の生んだ首（おびと）皇子（聖武（しょうむ）天皇）にも娘の安宿媛（あすかべひめ）（光明（こうみょう）皇后）をいれた。不比等の築いた天皇家と藤原氏のこの関係がこののち、権力構造の大きな要素となる。

父宇合とその兄弟

宇合は不比等の四人の息子たち、いわゆる藤原四子のうちの三男で、兄に武智麻呂（むちまろ）と房前（ふささき）、弟に麻呂（まろ）がいる。武智麻呂は天武（てんむ）九年（六八〇）、房前は同十年の生まれで、母はいずれも天智朝の大臣蘇我臣連子の女、娼子だが、宇合の生年は離れ、異説もあるものの持統八年（六九四）と考えられる（木本好信「『万葉集』巻一・七十二番歌と藤原宇合」）。宇合の母は娼子とする所伝はあるけれども別人らしく、その名は不明である。麻呂は宇合の一歳下で、母は不比等の異母妹で元は天武天皇夫人だった五百重娘である。武智麻呂に始まる家を南家、房前に始まる家を北家、宇合に始まる家を式家、麻呂に始まる家を京家という。

不比等の女子

先に触れた安宿媛は、県犬養橘宿禰三千代を母とする。三千代はもと三野王に嫁していたが、不比等と再婚し大宝元年（七〇一）に安宿媛を生んだ。三千代は天武朝以来、歴朝に仕え、宮人（女官）として朝廷に大きな力を持った女性である。不比等と再婚したのは持統朝末年〜文武朝初年とみられ、この三千代と手を携えて不比等は宮中と深く結びついた権力を形成した（義江明子『県犬養橘三千代』）。このほか不比等の女子には先述の宮子や、長娥子（長屋王の室）、吉日（橘宿禰諸兄の室。多比能とも）、また大伴宿禰古慈斐の室となった女性がいる（角田文衛「不比等の娘たち」）。

広嗣の世代

藤原四子の子どもたち、すなわち広嗣の世代も多数おり、藤原氏は不比等の孫に至って大きく氏族の幅を広げた。その全体については巻末の系図に譲るが、武智麻呂の男子のうち、豊成・仲麻呂が広嗣より年長であり、また乙麻呂が広嗣より年長かほぼ同年代であろう。房前の男子では鳥養が広嗣より年長で（ただし早世したとみられる）、永手が広嗣とほぼ同年と考えられる。

次に宇合についてやや詳しく紹介しておこう。

藤原宇合の経歴

宇合はもと「馬養」と書くが、遣唐副使になった際に唐風に「宇合」と表記し、以後もその使用を認められたものらしい（吉川敏子「遣唐使と改名」）。『万葉集』に文武朝で行幸に従って詠んだ歌が載せられているけれども、持統八年生まれならまだ子どものはずなのに、「枕辺の人忘れかねつも」などとうたっているので、宇合作か疑問が出されて

遣唐副使

おり、霊亀二年（七一六）、遣唐副使に任命されたのが確かな初見である。時に二十三歳（年齢は数え。以下同様）、正六位下で、この任命に伴い従五位下に昇叙された。この遣唐使は翌養老元年出発し、同年十月に唐の朝廷に至った。時の皇帝は玄宗である。一行の中には法学者の大和長岡（大倭小東人）もおり、短期の留学だったが、難解な法文の意味を多く明らかにできたという。彼はこのころ不比等主宰下に進められていた養老律令編纂のメンバーであり、この遣唐使は養老律令編纂に向けて唐の最新の法制事情や解釈を学んでくることも目的の一つとしていたのである。不比等の子である宇合が一員に選ばれた

のも、そのことと大いに関係があるだろう。一方この遣唐使では有名な阿倍朝臣仲麻呂が入唐しているが、のちに広嗣が排除しようとした玄昉と吉備（下道）朝臣真備の入唐もこの時である。

帰国後の経歴

その玄昉・真備ら長期の留学僧・留学生を残して、一行は養老二年の末に無事帰国した。宇合は翌年常陸守となり、七月には新設の按察使として安房・上総・下総を管した。その後式部卿となり、神亀元年（七二四）持節大将軍として陸奥国の蝦夷反乱を平定、同三年には知造難波宮事となり難波宮造営に従事している。

天平三年（七三一）には弟の麻呂とともに参議となり、同年、畿内に惣管、西国に鎮撫使が設置された時には副惣管になっている。翌四年から六年には西海道節度使として、軍備の強化、対外防衛の任にあたったが、天平九年八月、折からの疫病により死去した。時に参議式部卿兼大宰帥正三位、享年四十四であった。大宰帥の任官時期はわからないが、天平三年から大宰帥を兼任していた武智麻呂の後任であろう。

軍事における活躍

宇合は兄弟とともに奈良時代前期の朝廷に重きをなした政治家だったが、その経歴の特徴の一つとして、文官人事に関わる式部卿を長く勤めたことがあり、これは藤原氏の権勢を支える一つの力となった。一方、軍事面における活躍も強く認められる。神亀元

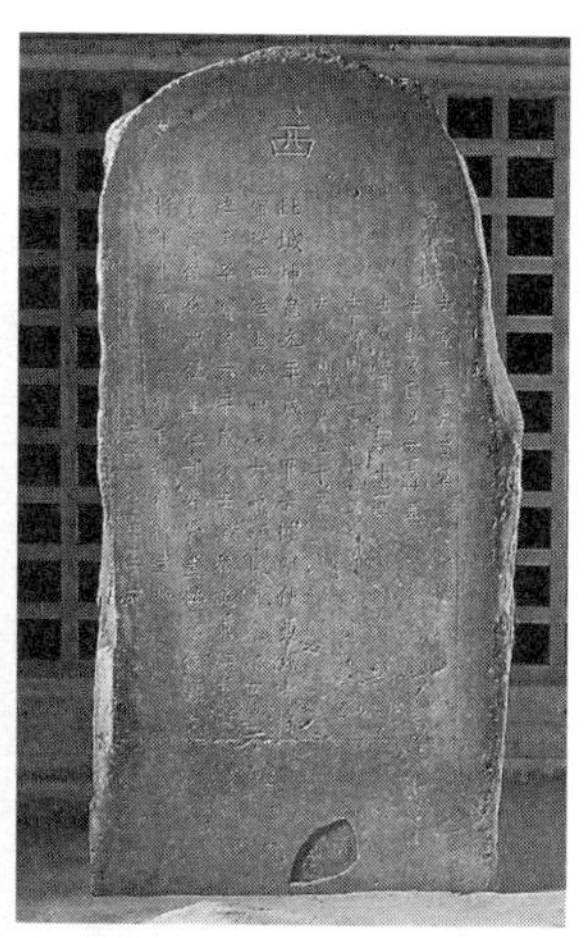

多賀城碑（上）とその拓本（左）
（東北歴史博物館提供）
多賀城の神亀元年設置とその後の修造を記す

年に持節大将軍として征討に赴いた時の具体的経過は明らかではないが、大将軍宇合・副将軍高橋朝臣安麻呂（やすまろ）の下には判官（じょう）・主典（さかん）が各八人おり、これは平安初期の征夷大戦争時代を除けば最も人数が多く、また坂東（ばんどう）諸国で三万人が訓練を実施し、全国に軍器の幕・釜を造らせているので、大がかりな態勢が組まれたようである。この神亀元年に多賀城（たがじょう）が置かれ、以後陸奥国府（こくふ）として律令国家の東北支配に重要な役割を果たしていく。

ちなみに副将軍高橋安麻呂は、のちに広嗣が大宰少弐（しょうに）になった時、その上司の大宰大弐になり、また宇合の下で陸奥鎮守将軍として大きな役割を果たしたと思われる大野朝臣東人はのちに広嗣を討つ大将軍となる。

天平元年の長屋王の変では、六衛府の兵が長屋王宅を囲んだが、これを率いたのが式部卿従三位藤原宇合である。彼のほかにも衛府の佐が『続日本紀』に列挙されているが、みな五位クラスであり、当然宇合が全体の指揮官である。この時に宇合には武官の肩書きが確認できない。ただ天平三年には新田部親王の大惣管の下で宇合が副惣管になっているように、このころ、宇合は軍事面における実力者になっていたのであろう。その後の節度使は東アジア情勢の緊迫にともなって置かれたもので、対外関係上最も重要であった西海道に宇合が派遣されたものである。

文人としての宇合

一方、宇合はこのような武人的側面と同時に、『尊卑分脈』宇合卿伝に「軍国の務に経営すといえども、特に心を文藻に留む」「天平の際、独り翰墨の宗たり」と書かれるように、文学的素養もかなり高かった。日本最古の漢詩集『懐風藻』には宇合の詩が六首収められ、ほかに平安初期編纂の『経国集』に賦一首がある。『懐風藻』の一人六首というのは同書中最多の収載数である。その数だけでなく、宇合は漢詩文の作者としては奈良時代を通して第一流であり、随一とまで言われるほど（村上哲見「万葉歌人の漢詩

Ⅱ」）評価が高い。『懐風藻』には父不比等も五首、房前は三首、麻呂は五首の詩が収められており、不比等親子はそろって漢詩文に親しんだが、もともとのそのような環境に加え、渡唐の経験が宇合の才能にさらに磨きをかけただろう。またそもそも中国文化について優れた素養のあったことが遣唐副使に選ばれた理由の一つなのだろう。『尊卑分脈』には宇合に集二巻があるとしているが、伝わらない。なお宇合が『常陸国風土記』や西海道の風土記の撰述に関わっていたことも論じられている。また『万葉集』には宇合の作と明記される和歌は、前記の疑問のある一首を含め六首収載されている。

宇合は常陸守を勤め、また大将軍として陸奥に出征、その後も節度使として西海道に赴いた。遣唐使を含めてかなり特殊な緊張を強いられる任についてきたのである。宇合が節度使になった時の次の五言詩（『懐風藻』）はそのような境涯に対する感情を吐露したものとして知られている。

　往歳は東山の役、今年は西海の行、行人一生の裏、幾度辺兵に倦まん

不遇感の詠出

『懐風藻』には宇合の「不遇を悲しむ」という詩もあって、これらは宇合の不遇感を表したものとして捉えられることが一般的である。もっとも単純な愚痴、ぼやきとして捉えるのは皮相的であろう。中国文学の影響が指摘され、他者の代弁という性格をみる

考え方もある。「不遇を悲しむ」の詩は「賢者は年の暮るることを悽み」で始まるが、特定の誰かの個人的感情としてではなく、賢者であろうとする者が必然的に対峙することになる感情として不遇への悲しみを捉えたものという見方もある（土佐朋子「藤原宇合「悲不遇」詩の論」）。不遇感の詠出には、果たしてきた任務への自負を持つ宇合による、人の生き様への深い洞察が籠められているのであろう。

宇合の男子

宇合には多くの子どもがいた。男子は広嗣を筆頭に少なくとも九人おり、広嗣以外では良継（もと宿奈麻呂、二男）、田麻呂（五男）、百川（もと雄田麻呂、八男）、蔵下麻呂（九男）が奈良時代後期に活躍して比較的詳しい事跡を残しており、のちに触れることにしたい。右の生まれ順はそれぞれ『続日本紀』の薨伝に記すところだが、ほかの兄弟として清成・綱手の名が知られる（清成の読み方については第五参照）。清成は長岡京で暗殺された藤原種継の父で、『類聚国史』の藤原世嗣の没伝に「无位清成の孫、贈太政大臣正一位種継の第四子なり」とあって、無位のまま生涯を終えており、広嗣の乱との関係が考えられる。綱手は広嗣の乱で兄に従い、敗れてともに処刑された。『尊卑分脈』では清成は良継と田麻呂の間、綱手は田麻呂と百川の間に配されている。この二人についてものちにまた触れたい。以上七人が名前の知られる男子で、ほかに少なくとも二人いたはずだが、

『尊卑分脈』にもみえない。おそらく夭逝したのだろう。

なおそれぞれの母親については、広嗣と良継の母が石上朝臣麻呂の女、国盛で、詳しくは次節に述べる。清成の母は『尊卑分脈』に「従四位上高橋笠朝臣女阿禰娘」とする。高橋笠朝臣は高橋朝臣笠間のことか。田麻呂の母は『尊卑分脈』『公卿補任』から小治田朝臣牛養（功麻呂の男）の女。綱手の母は不明。百川の母は久米連若女（『続日本紀』宝亀十一年六月己未条。『尊卑分脈』によれば久米奈保麿の女）。蔵下麻呂の母は『尊卑分脈』『公卿補任』から従五位上佐伯徳麿の女、家主娘である。

宇合の女子

宇合の女子は『尊卑分脈』に誰かの母親として出てくる記事で知られる。まず藤原巨勢麻呂（武智麻呂男子）の子である弓主の母が宇合の女としてみえる。また藤原魚名（房前男子）の子である鷹取・鷲取・末茂はいずれも母が宇合の女である。彼女らについて、奈良時代の史料にみえる藤原氏の女性の中から、角田文衞氏は前者を弟兄子、後者を家子にあて、高島正人氏は前者を家子、後者を鮒子にあてる（角田文衞「不比等の娘たち」、高島正人『奈良時代諸氏族の研究』）。

また殿刀自という女性を宇合の女とし、聖武天皇の嬪になったと推測する説があるが、殿刀自は不比等の女で、先述の大伴古慈斐の室とする説もある。またほかに帰子という女性の史料がある。『尊卑分脈』で藤原蔵下麻呂の子、縄継の母が「従四上掃部（ママ）守王の女乙訓女王、或いは異母妹従五下帰子」とあって、異母妹とは父蔵下麻呂の異母妹と考えられるから、宇合の女子ということになる。ただ、縄継は『続日本後紀』『公卿補任』で綱継と書かれるが、『公卿補任』（天長二年条）では母は「従四位上掃守王の女乙訓女王」としかない。「掃守」と「帰（歸）子」はよく似た文字になることも注意される。帰子についての『尊卑分脈』の記事には何らかの混乱があるのではなかろうか。

二　母国盛と石上氏一族

母は石上国盛

広嗣の母は石上麻呂の女、国盛であるが、その史料に関しては若干複雑である。広嗣の母を明記するのは『尊卑分脈』で、「母左大臣石川麿の女　従五下国咸大眉」と記されるものである。しかし当時左大臣石川麿という人物はいない。ただ同書には良継が「母広継に同じ」とあり、この良継の母については『公卿補任』に「母左大臣石川（一本に「上」）麿の女、従五位下国盛大眉」（天平神護二年の条）、「母左大臣石上朝臣麿の女、従五位下刀自」（神護景雲四年の条、九条本・前田家新写本等）とある。石上麻呂なら養老元年（七一七）に七十八歳、左大臣で没しており、適合する。故に「左大臣石川」は「左大臣石上」が正しく、また『続日本紀』によれば「石上朝臣国守」という女性が天平勝宝元年（七四九）の聖武天皇東大寺行幸の際に叙位されていて、国盛＝国守としてその実在も確かめられ、ここに広嗣の母は石上麻呂の女、国盛とすることができる。「国威」の「威」は「盛」の誤り、「大眉」の「眉」は「刀自」の誤りである（以上、高島正人『奈良時代諸氏族の研究』、木本好信『律令貴族と政争』、林陸朗『奈良朝人物列伝』など）。

なお養老七年に従五位下に叙されて初見する石川朝臣麻呂という人物がおり、天平勝宝六年（七五四）に従四位上で武蔵守になるまで散見しているが、後述する広嗣や良継の生年から考えて、七世紀末までには国盛が生まれていると考えられるから、その父にあてるには無理があり（武蔵守任命時、若くても七十代になる）、「左大臣」も無視することになる。また石川麿を蘇我石川麻呂すなわち孝徳朝の右大臣だった蘇我倉山田石川麻呂とすると、彼は大化五年（六四九）に没しているので、さらに年代が合わない。

国盛に関しては前記のとおり天平勝宝元年の叙位が知られ、それは従五位下に叙されたものだが、その後天平宝字四年（七六〇）五月に従五位上に昇っている。そのほかに直接知られる事跡はないが、木本好信氏は、広嗣の乱後に流された良継らが帰京するまで式家を維持したのは国盛だろうとされ、また叙位のタイミングから、光明皇后の身辺に仕えていたと推量できそうとしている（『律令貴族と政争』）。

母方の祖父石上麻呂

国盛の父、石上麻呂は物部氏から改姓した人で、孝徳朝の衛部であった宇麻乃の子、古来の雄族物部氏の血を受け継ぐ人物である。六七二年の壬申の乱では近江朝廷側に属し、敗れて死んだ大友皇子に最後まで付き従った数少ない従者の一人だった。しかし天武朝以降にも仕え、持統四年の持統天皇の即位にあたっては宮に大盾を立てるという物部氏の担う大役を果たしている。大宝四年（七〇四）右大臣、和銅元年（七〇八）左大臣となり、養老元年三月薨じた。『続日本紀』には、時の元正天皇は深く悼み惜しんだといい、また「百姓追慕して、痛み惜しまずということ無し」という（養老元年三月癸卯条）。

石上麻呂の子と孫

石上麻呂の子としては、国盛のほか、東人、乙麻呂が確かな人物として知られる。この二人は広嗣のおじにあたる。東人は極位が正六位上なので、若くして亡くなったのだろう。その子に家成がおり、養老六年の生まれで、天平宝字年間以降史料にみえはじめ、諸官を歴任し、従三位に至っている。

石上乙麻呂

乙麻呂は麻呂の第三子とされ（『懐風藻』）、神亀元年従五位下に叙され、天平十年（七三八）には従四位下に叙されて左大弁となった。しかし翌年三月に姦淫事件で土佐国に配流された。『万葉集』に関連する和歌があり、『懐風藻』にも配流先で詠んだ詩が載せられていて、文学史上強い印象を与える事件である。この事件は具体的な事情が不明だが、広嗣の大宰府左遷に近い時期でもあり、政治史上注目される（後述）。帰京後、天平勝宝元年（七四九）中納言となり、翌年中納言従三位兼中務卿で没した。乙麻呂も漢詩文に堪能で、配流中に漢詩集『銜悲藻』二巻を著したが、伝わらない。人望もあり秀才で、遣唐大使に選ばれたこともあったが結局行かなかった（東野治之「天平十八年の遣唐使派遣計画」）。文人として有名な石上宅嗣はその息子で、天平元年に生まれ、天平勝宝三年、従五位下となって史料にみえはじめ、大納言正三位まで進んで天応元年（七八一）、五十三歳で没した。広嗣の弟たちとほぼ同じ時期に中・上級貴族として活躍している。

石上麻呂の子および孫として確実なのは以上のとおりだが、そのほかに麻呂の子の可能性がある人物として、八世紀前半に史料にみえる豊庭（養老二年に従四位上で没）、勝男、諸男がおり、木本好信氏は豊庭を麻呂の第一子としている（『律令貴族と政争』）。

第二　誕生、成長、出身

一　広嗣の誕生とその時代

広嗣は宇合の長男

広嗣が宇合の長男であることは、広嗣の最期を記述する『続日本紀』の記事（天平十二年〈七四〇〉十一月戊子条）が「式部卿馬養の第一子なり」と明記するところである。しかし彼の出生年を特定するための確かな史料はない。ただ同母の次男の良継（宿奈麻呂）が霊亀二年（七一六）生まれなので（宝亀八年〈七七七〉の没時に六十二歳だった。『続日本紀』同年九月丙寅条）、それ以前のことになる。

広嗣出生年の検討

野村忠夫氏は宇合の息子たちについて述べた中で、広嗣について「一応」良継より二歳年長の和銅七年（七一四）生まれと「仮定」している（同氏「藤原式家」）。氏が慎重に述べるように、その生年は良継との常識的な年代差から仮に設定した年に過ぎない。ただ野村氏も「宿奈麻呂の生年**など**から推測して」（傍点引用者）と記すように、弟の生年以外に参考にできる要素があるので、少し検討してみよう。

広嗣の初見

広嗣が史書に初めて姿を現すのは『続日本紀』天平九年（七三七）九月己亥（二十八日）の叙位の記事で、五位以上五十五名という大規模な叙位の中の一人として、従六位上から従五位下に叙されている。この従六位上は蔭位である。祖父不比等は正二位で没し、正一位を贈位された。また父宇合は神亀二年（七二五）に従三位となり、天平六年に正三位となっている。贈一位の不比等庶孫としても、三位の宇合嫡子としても、いずれも律令規定では蔭位は従六位上で、したがって広嗣の従六位上は蔭位だったとわかる。

叙位と年齢

蔭位は二十一歳以上で授けられるという律令規定があり、また当時広嗣が勤めていたと考えられる（後述）内舎人や諸司の判官クラスにおいて、考課を積み重ねて叙位に至る年限は四年であった。しかし蔭位は二十歳で叙された場合もあり、制度運用の細部には明確でない点もある。さらに五位以上は勅授で、四年という年限は機械的に適用できない。加えてこの天平九年には疫病の猛威によって多くの官人が死没しており、九月の叙位は官人を充足させるための緊急的な人事だったという特殊事情がある。このように叙位の制度から年齢について大体の見当はつけられるが、特定するのには限界がある。

藤原永手の例

実際の例に目を広げると、この日に広嗣と並んで同じく従六位上から従五位下に進んだ藤原氏の人物として、永手（房前の第二子）がいる。彼の帯びていた従六位上も蔭位と考えられる（不比等庶孫として）。彼は宝亀二年（七七一）に没した時に五十八歳で（『続日本紀』同年二月己酉条）、和銅七年生まれである。すなわち野村氏の仮定した広嗣の生年と同じで、この年二十四歳になる。

藤原氏の五位到達年齢

貴族の階層を大きく分ける五位に到達した年齢の実態をみてみると、八世紀前半において藤原氏は二十代で五位に達する傾向は早くから指摘されている。さらに広嗣の世代では、広嗣の乱の影響を受けた弟を除けば、豊成二十一歳（武智麻呂男）、永手二十四歳、真楯（八束。房前男）二十六歳、清河（房前男）二十〜二十六歳の間、魚名（同）・浜成（麻呂男）二十八歳、仲麻呂（武智麻呂男）二十九歳という事例がある。広嗣は長男なので、長男に限ると、豊成二十一歳、浜成二十八歳である。房前の長男鳥養は生年不明だが、従五位下になったのは天平元年で、次子永手はその年十六歳となり、鳥養とあまり離れているのは不自然なので、その年の鳥養の年齢は二十代半ばまでで考えてよいだろう。なお鳥養は早世したようで、永手が北家を継ぐことになるから、永手も長男の参考例にできるだろう。浜成は二十八歳だが、神亀元年生まれで、出身前の十四歳の年に父親が没していることが他三家と異なる。またその薨伝には「職を内外に歴れども、所在に績無し」とあって、仕事には熱心でなかったらしい（『続日本紀』延暦九年〈七九〇〉二月乙酉条）。これらをふまえると、従五位下に叙された時の広嗣の年齢は二十代前半、長じていてもせいぜい二十代半ば程度で考えておくのがよいだろう。

広嗣の出生年

以上を総合し、天平九年における広嗣の年齢は、やはり二十四歳を中心として多少の幅を含んでおく、とするのがよいと考える。若くみる場合には良継との関係から最大マイナス二年である。二十四歳、すなわち和銅七年生まれなら父宇合は当時二十一歳であり、この想定で問題はない。よって以下では和銅七年ごろの生まれとして記述を進めることにしたい。広嗣の年齢に関わる箇所では、和銅七年を基準にして「〜こ（ご）ろ」「〜前後」という言い方をしていくこととする。

広嗣出生前後の時代状況

その和銅七年前後の一般的な時代状況を概観しておこう。

大宝元年（七〇一）から翌年にかけて大宝律令が施行され、七世紀以来形成されてきた律令体制が成文法の上では、ほぼ確立した。ただその浸透には時間がかかったようで、実情を考慮して制度の修正が行われる一方、和銅四・五年には諸司が律令に習熟していないとして、その怠慢・過失を強く戒める詔が出されている。他方、このころには中央官司の下級職員が相次いで増員されていて、律令制の実施にともなう業務が本格的に回転を始めたことがうかがわれる。さらに平城京遷都が和銅三年であり、その二年前

平城宮跡（奈良文化財研究所提供）

には初めての本格的銭貨である和同開珎が発行されている。また養老元年にはこれまでの里を郷に改め、その下に新たに小さな里を置く郷里制を施行、従来の戸（郷戸）の中には二、三の小規模な戸（房戸）が設定され、より緻密な民衆支配の体制が整備された。

辺境では版図拡大が進んでいた。和銅二年には東海・東山・北陸道諸国から兵を徴発し、将軍を派遣して日本海側を中心に軍事行動が行われ、同五年に出羽国が成立した。南九州では和銅六年に大隅国が設置されたが、この時にも軍事行動があった。

文化面でも、『古事記』が完成したのは和銅五年であり、養老四年（七二〇）完成の

『日本書紀』もこのころに編修が進められていたと思われる。また和銅六年には郡の特産、土地の状況、名号の所由、古老の相伝を記録言上させる、いわゆる風土記の撰進が命ぜられた。こういった史書・地誌の編纂は、文明化が一定の高みに達したことを示すと同時に、統治の由来を述べて体制の正統性を固め、地誌を統一的に中央に集積して実質的にも象徴的にも朝廷の地方支配を強化する、国家統治の強化を図るものでもあった。

以上、広嗣の生まれた時代は、律令の完成以後、国家が積極的に支配の強化・拡大を実現していく時代であった。もちろんその影には負担・労役に耐えかねた浮浪・逃亡の発生など、民衆の厳しい実態があったが、支配層にとっては新しい体制の下に国家発展の気運がみなぎっていた時代だったと言えよう。

首皇子の立太子

和銅七年には首皇子が立太子していることが政治上の大きな出来事である。首皇子は大宝元年誕生したが、慶雲四年（七〇七）文武天皇が崩御し、文武母の元明天皇が皇位を継承していた。首が文武天皇の皇子であるといっても、藤原氏の女性が生んだ皇子が即位したことはないし、天武天皇の皇子もまだ健在で、さらに文武天皇にはほかにも皇子がいたらしい。この立太子はそのような中で首皇子の皇位継承を明確化したものだった。しかもその翌々年の霊亀二年には藤原安宿媛が首皇太子の妃となっている。藤原氏が外戚の地位の獲得・維持に向けて着々と歩を進めていた時代であった。

両祖父が時の大臣

太政官には和銅七年には左大臣石上麻呂、その次に右大臣藤原不比等がいた。つまり広嗣の母方・父方の両祖父が大臣の座にいたのであり、広嗣の毛並みの良さが際立つ。左大臣石上麻呂はこの年七十五歳の高齢で、また皇親が太政官に参加する知太政官事として穂積親王（天武皇子）がいたが、翌年没している。不比等はこの年五十六、七歳で、実質的に太政官を引っ張っていたとみられよう。

二　広嗣の成長の時代

広嗣の幼年期には父宇合は遣唐副使として渡唐し、ついで常陸守となった。広嗣が常陸へ同行したか不明だが、常陸守となった養老三年には同母弟の良継はまだ四歳と幼く、母親とともに都に留まっていた可能性がある。したがって幼年期の広嗣はあまり父親と接していなかったかもしれない。

藤原不比等没後の体制

その間、養老元年の左大臣石上麻呂没後、右大臣のまま政治を主導していた藤原不比等が養老四年八月に没した。ただちにしばらく空席だった知太政官事に舎人親王が就き、新たに知五衛及授刀舎人事に新田部親王が任命され、翌五年正月、長屋王が右大臣となり、政権は大きく変わった。不比等の四子は正四位下武智麻呂と従四位上房前がともに従三位に昇り、武智麻呂は中納言になった。房前は不比等在世中から参議になっており、藤原氏から議政官二名を出すという、当時としては特別なあり方が続いている。また宇合は正五位上から正四位上と四階昇叙し、麻呂は従五位下から従四位上と五階も昇叙した。この二人の昇叙は同時に行われた叙位の中で格別であり、不比等没後、長屋王を中心に四子を加えた新しい政治体制を構成し、政治を安定させようとする元明太上天皇・元正天皇の意志の現れとされる（木本好信『藤原四子』）。房前はこの年十月、重病となった元明太上天皇に長屋王とともに召されて葬儀などの後事を遺命され、その後、内臣に任じられている。内臣は鎌足以来の任命で、その性格には不確かな点も多いが、天皇を輔佐し勅命を施行できる、特別に天皇と結びついた存在だった。以上のように藤原氏は不比等が死んで太政官首座からは降りたものの、政権の中で有力な地位を占めていた。

宇合はいつまで常陸守だったのか明確ではないものの、『懐風藻』の詩「常陸に在るときに倭判官の留まりて京に在るに贈る」に、三年間在任していることを書いている。その後、神亀元年（七二四）には式部卿に在任しており、その就任時期も不明だが、養老五年の正四位上昇叙を受けて、足かけ三年の常陸守を終え、式部卿に就任したのだろう。

聖武天皇即位

養老八年二月四日、元正天皇が聖武天皇に譲位し、元号は神亀と改められた。即位にともない昇叙や増封が行われた中に、武智麻呂の長男豊成の従五位下昇叙もみえる。藤原四子の子の世代から初めての五位昇叙である。この時には大赦、叙勲、高齢者等への賜与、減税、賜姓など幅広い恩典が行われた。代替わりにともない、朝廷内外はおそらく華やいだ雰囲気に包まれ、特に天皇の外戚となった藤原氏の喜び振りは想像してよいだろう。広嗣はこの年十一歳前後で、そのような祝賀気分を十分に享受していたはずである。

ただすぐ後の三月、陸奥国の蝦夷が反し、陸奥大掾佐伯宿禰児屋麻呂を殺すという事件が起こる。宇合が持節大将軍としてこれを平定したことは既述のとおりだが、翌年に行われた行賞で宇合は正四位上から従三位勲二等を授けられ、三十二歳で三位に昇るという破格の昇進を遂げた。

神亀四年閏九月二十九日、夫人藤原安宿媛に皇子が誕生し、十一月二日、皇子を皇太子に立てる詔が発せられた（この皇子の名は「基王」とされることがあるが、これは「某王」の誤り）。生後一ヵ月余りの赤ん坊を皇太子に立てるというのは例がない。同月、百官を率いて皇太子を拝したのは大納言多治比真人池守で、左大臣長屋王ではなかった。長屋王は聖武天皇の即位直後にも、聖武生母の宮子に大夫人号を与える勅に疑義を呈しており、その結果、勅は撤回され、宮子には改めて皇太夫人号が与えられている。長屋王と聖武天皇・藤原氏との間に不調和がみられるようになった。また長屋王自身、高市皇子と御名部内親王の子で、文武皇女の吉備内親王を妃とし、二人の間にも王子がいて、高貴で安定した有力皇親家を形成していた。

長屋王の変

皇太子は翌年の九月十三日、夭逝してしまう。その五ヵ月後、神亀六年二月に長屋王の変が起こり、王は自尽させられ、吉備内親王および二人の間の王子膳夫王らもまた自経した。長屋王が私かに左道を学び、国家を傾けんとしているとの訴えがあったためだが、これは冤罪だった。前章で触れたように、この事件では宇合が六衛府の兵を率いて王宅を囲んでおり、また使いを遣わして鈴鹿・不破・愛発の三関を固守していて、大がかりな軍事的処置を講じた上で事が運ばれている。

その翌月、武智麻呂が大納言に昇任、そして八月、元号が天平と改められ、藤原安宿媛が皇后に冊立された。光明皇后である。律令制では天皇の后妃として皇后・妃・夫人・嬪があり、皇后の出自については規定がないが、二番目の妃の位が内親王の品階である四品以上となっているので、皇后も内親王から立てられることが本旨だったと考えられる。この立后は皇后史上画期的なもので、藤原氏は大きな権力基盤を新たに獲得した。

藤原四子が議政官となる

翌天平二年、大納言多治比池守が死去すると、大宰帥に赴任していた大伴旅人が大納言になり都へ戻ってきたが、翌三年死去する。ここに議政官は大納言藤原武智麻呂・中納言阿倍朝臣広庭・参議藤原房前のみとなり、しかも阿倍広庭は老病だったらしく、八月、諸司主典以上に推挙を命じ、その結果この年八月、参議六人が新たに任命された。その中に式部卿従三位藤原宇合・兵部卿従三位藤原麻呂がおり、藤原四子が議政官に並ぶことになった。いわゆる藤原四子体制の出発であり、六年正月には武智麻呂が右大臣に昇った。もっとも四子がここまでの経過を含めて必ずしも一枚岩だったとは限らず、房前の位置は微妙であり、藤原四子体制でなく藤原武智麻呂政権と呼ぶ考え方もあるが、ここでは深く立ち入らない。ただ宇合についてみれば、彼が任じた式部卿・大宰帥はもと武智麻呂のついていた官であり、また知造難波宮事にもなっているが、武智麻呂も以前に類似の造宮卿を兼ねていた。これからみれば宇合は武智麻呂と関係深い存在だったと言えよう。そして式部卿として政権を支える一方、長屋王の変における役割や、のちの副惣管・節度使からみて、藤原氏の権力を軍事面で支える一角にもあった。ただし軍事面と言えば、房前も授刀頭から中衛大将を勤め、麻呂も兵部卿だった。このように藤原氏自体、軍事的権力を身につけながら発展してきたと言える。

藤原氏の権勢と宇合の特別な処遇

広嗣は四子体制成立の天平三年には十八歳前後となっており、そろそろ朝廷への出仕（出身）が視野に入ってくる。藤原氏はここまで不比等の築いた権勢や王権との結びつきを基にし、ときに強引な手法をとりながら朝廷内で権勢を高めた。その中で宇合は三十二歳で従三位に昇るという破格の昇進を遂げており、そこには能力を発揮して功績をあげたという面ももちろんあるが、二十三歳・正六位下で遣唐副使になるという抜擢（その結果、任命時に遣唐副使として相応な従五位下に二階上がり、帰還後の正五位上叙位を合わせると結局五階も上がった）、養老五年の一挙四階昇叙が大きく効いており、これらはやはり藤原氏ゆえの特別な計らいという面を否定できない。広嗣は藤原氏の権力掌握、その中での父宇合の数々の活躍と特別な処遇をみながら育ってきたのである。

三　広嗣の出身と疫病大流行

先に触れたように広嗣は天平九年九月、従六位上から従五位下に叙されて史上に登場する。その時まで帯びていた従六位上は蔭位で、蔭位は二十一歳以上で授けられるという律令規定に基づけば、彼の年齢想定のもとでは、天平六年ごろ以降に叙されたと考えるところである。ただ蔭位初叙と仕官のし始めとの関係も確かなことが言えない。

五位以上官人の子息の出身

当時、広嗣のような五位以上官人の子息が官に仕え始める方法はいくつかあった。①大学で学び、卒業試験、採用試験を受ける。②自ら出仕する（自進）。③二十一歳以上で役任についていない者は式部省に送られ、検簡を経て内舎人または大舎人・東宮舎人になる（三位以上の子は検簡なく内舎人になる）。おおむね以上三種に分けられるが、高官の子弟は高い蔭位を与えられるので、わざわざ①を選ぶことはなかったとみられ、広嗣も②か③の方法で官途についたであろう。②の場合、③との関係から当然二十一歳以前の出仕が考えられる。このころ二十一歳より前に出仕した例は、豊成が二十歳の時に内舎人にして兵部大丞を兼ねたことなどが知られている。舎人は宮中で宿衛や雑使にあたる者で、官人の見習い的意味もあり、中でも内舎人は最も格が高く、帯刀して宿衛し、雑使に供奉し、天皇の出行では前後に分衛するという職務が規定されており（職員令中務省条）、名家の子弟はまず内舎人を勤めるのが通例だった。そしてその後は諸司諸国の判官に任じられるのが一般的なあり方だったとされている。広嗣の場合、天平九年に従五位下に昇ったのち、後述するように式部少輔（式部省の次席次官）になっているので、それ以前はおそらくまず内舎人を勤めたのち、どこかの官司の判官級の官職についていたと思われる。

広嗣出身年の推測

そして天平九年の叙位では三階上がっているので、蔭位初叙以後それなりの勤務を経ている可能性が高い。広嗣の蔭位初叙は二十一歳にあたるかと考えられる天平六年ごろで、出仕し始めたのは、その数歳前までの範囲で考えておきたい。

広嗣出身前後の政治社会情勢

惣管と鎮撫使の設置

そのころの政治社会情勢をみよう。藤原四子が議政官に揃ってから三ヵ月後の天平三年十一月、惣管・鎮撫使が置かれた。惣管は畿内に置かれ、京畿内の兵馬差発権を有して治安の維持にあたり、国郡司の巡察まで行った。長官の大惣管には新田部親王、そして副惣管に藤原宇合が任じられた。鎮撫使は山陽、山陰、南海道に置かれ、兵馬差発権がないほかは、惣管と同じ任務を果たした。山陰道鎮撫使には藤原麻呂が任じられている。

この惣管・鎮撫使の設置には、内外情勢の緊張が背景としてある。前年の九月に出された詔では、京・諸国に盗賊が多く、海賊もいること、また安芸・周防の国人らが妄りに禍福を説き、人衆を集めて「死魂を妖祠」して祈っていること、京の東山麓に数千から一万の人が集まり「妖言」して衆を惑わしていること、諸国では勝手に人兵を発して猪鹿を殺害していることを指摘し、これらの取締りを命じている。「死魂を妖祠」には長屋王の変との関係が考えられ、事件が社会情勢の不安定化に絡んでいるようである。

海外情勢の緊張

しかもこのころには海外情勢も緊迫してきていた。神亀四年、渤海が初めて日本に遣使してくる。渤海は中国の東北地方を中心とする領域に広がる新興の国で、この時の使人の帰還にあたり日本からも送使が派遣された。その使者が天平二年八月に帰ってくるが、これらの往来を通じて、朝廷は当時渤海と唐の間に緊張が高まっていることを知ったのである。惣管・鎮撫使が置かれたのは畿内から西であり、このような国際情勢が関係しているとみられる（石母田正『日本の古代国家』）。

節度使の設置

そして惣管・鎮撫使設置の翌天平四年八月、今度は東海・東山道、山陰道、西海道に節度使が置かれた。節度使は各地域で軍事力の整備を行い、防衛体制を強化した。任命

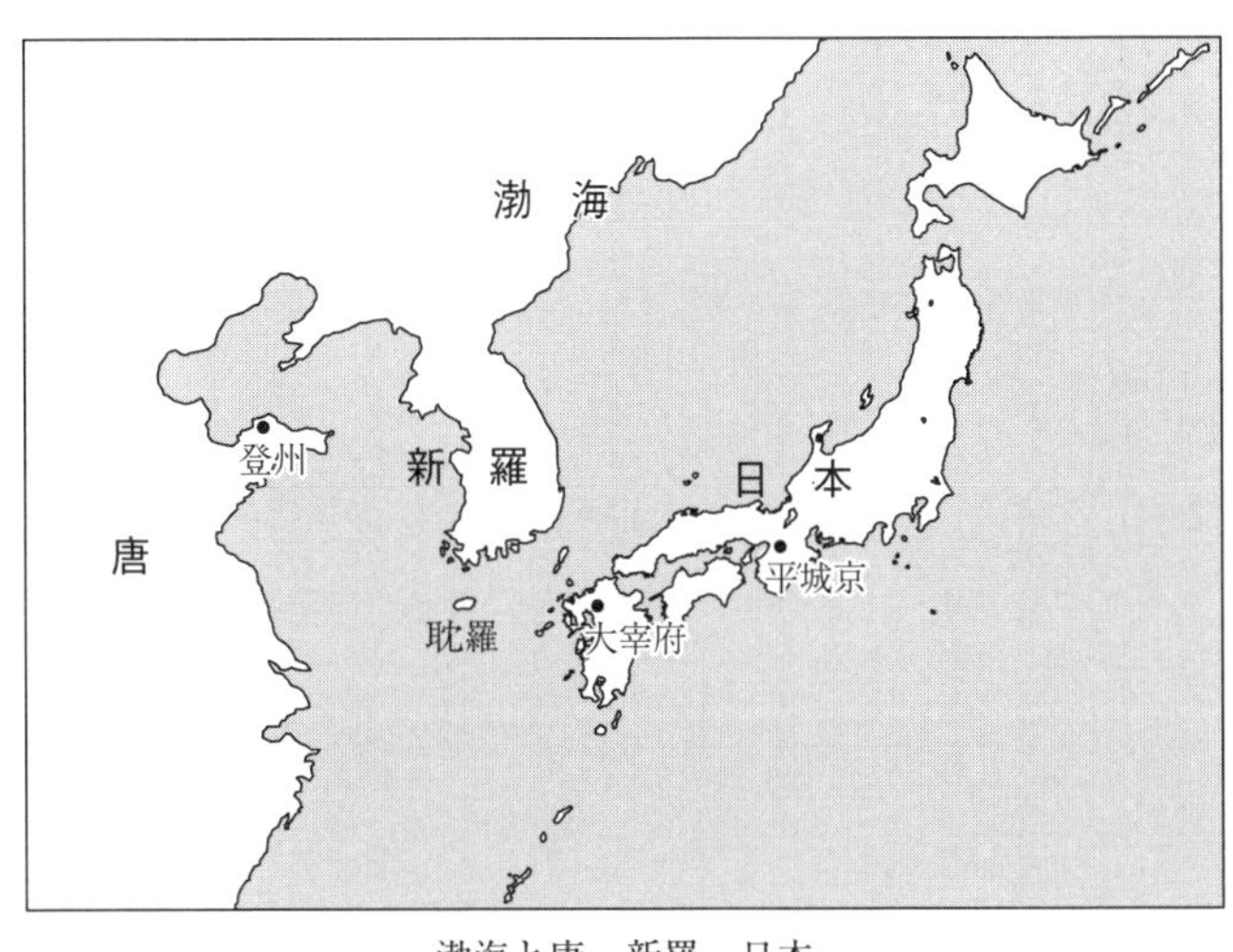

渤海と唐，新羅，日本

の六日前に遣新羅使（けんしらぎし）が帰国しており、また節度使と同時に久しぶりの遣唐使の任命があったように、東アジア情勢のさらなる緊張がその背景にある。渤海はこの年九月、唐の登州（とうしゅう）を攻撃した。唐は反撃にあたり新羅に命じて渤海を南側から攻めさせている。このような唐・新羅・渤海における戦乱直前の緊迫した状況を遣新羅使は伝えたとみられ、節度使はそれをうけたものである。東海東山道節度使に藤原房前、山陰道節度使に多治比県守（あがたもり）、西海道節度使には藤原宇合が任じられた。宇合がこの時に制定した警固式（けいごしき）はのちにも適用されており、また『筑前国風土記（ちくぜん）』の逸文には、節度使宇合が「前議の偏（かたよ）れるを嫌い、当時の要（ぬみ）

を考う」とあって、その治績は現地で強く記憶されたと思われる。

広嗣が官人として働きはじめたのは藤原氏が強い権力を握った時代であり、このように軍事的な緊張もみられた時代で、父宇合もまったくその当事者であった。

飢饉疫病と大地震

一方、天平四年の夏は小雨で収穫が少なく、翌年には食糧不足に陥って、京や諸国で飢えや疫病に苦しむ者が多かった。さらに六年四月に大地震が起こる。朝廷は畿内七道に遣使して神社の被害を調査しているから、相当広範囲に影響を及ぼした地震で、余震も続いた。この月に節度使が停止されているのは、そのことも関係しているだろう。

天平七年の疫病

このような社会全体を襲う不安な状況をさらに決定的にしたのが天平七年からの疫病である。『続日本紀』の天平七年是歳条には、「夏より冬に至るまで、天下、豌豆瘡俗に裳瘡と曰う。を患う。夭死する者多し」とある。豌豆瘡は天然痘のことで、この病気が夏から冬に天下に流行し、若くして死んだ者が多いという。この年の『続日本紀』の別の箇所では「大宰府に疫死者多し」として、奉幣・祈禱・読経や賑給、湯薬の給与などとともに、長門より京側の国司に斎戒と道饗祭（鬼魅—鬼と化け物—の侵入を防ぐために行われる路上の祭り）を指示していることがみえ（八月乙未条）、また大宰府が「管内諸国、疫瘡大いに発り、百姓悉く臥す」と奏して貢調停止を申請し、許されていること（八月丙午条）から、大宰府管内が最も被害が大きく、そこから京畿内に流行が広まることを警戒していたことがうかがわれる。しかし前記是歳条にあるように、結局「天下」に流行は広がった。九月に新田部親王が、十一月に舎人親王が没したのはこの疫病のためか明らかではないが、重鎮の親王二人が相次いで死ぬのは、やはり疫病による可能性が高いだろう。

天平九年の疫病

翌八年に疫病は下火になったようだが、大宰府管内では去冬の疫瘡により農事ができず、五穀が実らなかったとして、十月に田租の免除が行われており、世の中にはまだ強い影響が残っていた。さらにその翌年の天平九年には再び疫病が蔓延する。『続日本紀』には、四月、大宰府管内で疫瘡が流行し、百姓が多く死亡しているとの記事があり、この疫病は京畿内でも蔓延し、全国に広がる。六月一日、朝廷ではこの日は前月の業務報告を奏上する「告朔」の儀がある日だったが、「百官官人疾を患う」として廃朝（天皇が政務をみないこと）となった。貴族層も被害を免れず、四月十七日、参議藤原房前が没し、六月二十三日には中納言多治比県守が、七月十三日には参議藤原麻呂が没した。同二十五日には首班の藤原武智麻呂が没した（死に臨み正一位左大臣に昇った）。そして藤原四子のうち最後に残った参議宇合もついに八月五日に没したのである。天平九年の初めに

藤原四子の全滅

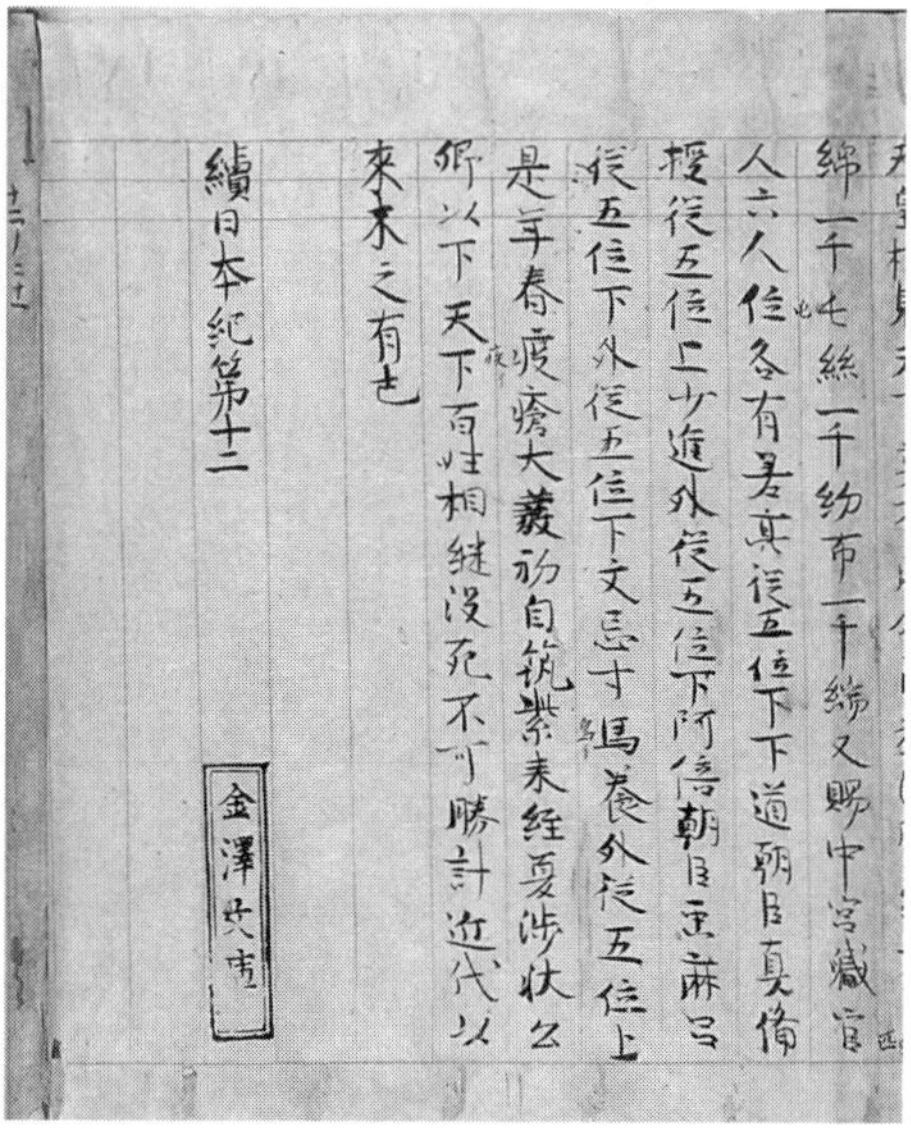

は参議以上が八人いたが、そのうちの五人が死亡している。

天平九年六月二十六日付で朝廷は京畿内と西海道を除く全国宛てに太政官符(だじょうかんぷ)を発し、疫病の症状、治療法、注意点などを述べているが、そこには「四月已来(いらい)、京及び畿内悉く疫病に臥し、多く死亡有り。明らかに諸国の佰姓(ひゃくせい)も亦此(またこ)の患(わずらい)に遭(あ)うことを知る」とあり、朝廷お膝元の京畿内で感染が爆発しており、死者が多く出ていることがわかる（『類聚符宣抄(るいじゅふせんしょう)』）。なお、この官符の宛先ではない京畿内と西海道は早くから大きな被害が出ていたから、すでに別の対処がなされていたのだろう。『続日本紀』は年末の記事で「是の年の春、疫瘡(えきそう)大いに発(おこ)る。初め筑紫より来たり、夏を経て秋に渉(わた)る。公卿以下天下の百姓(ひゃくせい)、相

『続日本紀』天平９年末尾の疫病関係記事
（名古屋市蓬左文庫蔵）

継ぎて没死すること、勝げて計うべからず。近代以来、未だこれ有らざるなり」と、疫病の惨禍を伝えている。

死亡率の推計

天平七年の疫病が天然痘だったことには異論がないが、九年の疫病については、やはり天然痘とするのが通説ではあるものの、麻疹説、また麻疹と天然痘の同時流行説などもある。この年の人口に対する死亡率についてはいくつかの推計があり、二〇%近くとするものから、二五~三五%とするもの、さらには三〇%前後~五〇%前後という試算もある。とてつもない数字である。諸国の決算帳簿である正税帳に記載された負稲の免除率や官人の死亡率などを基にしたもので、資料の信憑性の問題、流行の地域的違い等、考慮すべき問題はあるが、甚大な被害を生んだ流行だったと考えてまちがいない。

この疫病ははじめ九州で流行し、それが都に持ち込まれたとみられるが、当時平城京は日本で随一の都市であり、人口が密集していた地域であった。人口密集地域に伝染病が持ち込まれると大きな流行を引き起こす。さらに平城京と諸国の間では官人の往来があり、また調庸などの貢納物を運ぶ人夫が諸国から平城京に集まり、そして帰っていく。こうして疫病は全国に広がった。

先に示した死亡率の試算は、現在からみれば気の遠くなるような数字だが、日本や世界の歴史では、疫病で住民が多く死亡するというのはしばしば経験してきた。崇神天皇五年の疫病では、『日本書紀』には民の死亡者が多く、「且大半ぎなむとす」とあり、『古事記』には人民が「尽きなむとす」と書かれている。『日本書紀』はまた、仏教公伝をめぐって疫病で多くの死者が出たことを書いている。これらは伝承の世界であるが、疫病の怖さをよく伝えている。

『続日本紀』には、しばしば疫病の記事がある。おおむね簡単な記事だが、慶雲三年(七〇六)是年条には「天下諸国に疫疾ありて、百姓多く死ぬ」とあって死亡者が多かったことがわかる。天平の疫病の後にも、天平宝字七年(七六三)や延暦元年(七八二)には疫病で多くの死者が出ている。ただそれらに比べても、今回の疫病がはなはだしい被害を出していることは明らかである。

第三　五位貴族として

一　政権の転換

太政官の再建

天平九年（七三七）の疫病により、藤原四子体制は崩壊し、残った議政官は参議の鈴鹿王・橘諸兄・多治比広成・大伴道足だけとなった。九月二十八日、太政官を立て直す人事が行われ、参議の鈴鹿王が知太政官事に、同じく参議の橘諸兄が大納言に任ぜられ、前月十九日に参議になったばかりの多治比広成が中納言に任ぜられた。

橘諸兄

橘諸兄は敏達天皇の血を引き、もと葛城王といったが、天平八年、弟の佐為王とともに橘宿禰の氏姓を賜り、臣籍に降下していた。二人は県犬養橘三千代が藤原不比等の妻となる前に三野王との間に生んだ王子で、光明皇后とは異父兄妹の関係になる。諸兄は天武十三年（六八四）の生まれとみられ、藤原武智麻呂・房前よりわずかに年下である。天平三年に参議となっていたところ、藤原四子と中納言多治比県守の死でいきなり大納言になったのである。なお弟の佐為は東宮時代の聖武天皇に侍し、娘の古那可智を聖武夫人にするなど、天皇と深いつながりがあったが、疫病の犠牲になっている。

諸兄右大臣となる

天平十年正月十三日、光明皇后所生でこの年二十一歳になる阿倍内親王が立太子し、同日に諸兄は右大臣正三位に昇進した。某王の夭逝後、皇太子はおらず、一方、夫人県犬養広刀自の生んだ安積親王がこの年には十一歳になっていた。光明皇后も三十八歳となり、このような状況の中で阿倍内親王の立太子が決断されたのであろう。藤原系の皇統を守るこの路線に諸兄は協力し、太政官を率いていくのである。

藤原豊成参議となる

こうして橘諸兄の率いる太政官の体制ができあがった。この間、九年十二月には藤原豊成が参議になっている。当時三十五歳で、九月に従四位下になったばかりである。

疫病後の施策

官僚機構の立て直し

新政権は、疫病により疲弊した国家・社会の立て直しに取り組まなければならなかった。まずは打撃を受けた内外の官僚機構そのものの再建は急務であったろう。朝廷は多くの官人を失い、地方でも国衙の事務が麻痺していたことを示す徴候がみられ、行政機構に深刻なダメージが生じていた。天平九年九月の多数の叙位のほかにも、同十二月、十年閏七月には省の次官や寮の長官の任命が多くみられ、朝廷の再建過程が示されている。

民衆の負担軽減

また民衆の負担軽減のために、九年八月に今年の租賦と公私出挙未納を免除していたが、九月には私出挙そのものを禁止した。十月に左右京の徭銭徴収を停止、また神戸・寺家封戸の租調を正税で代納させているが、八月の租賦免除が神戸・寺家封戸にも適用され、その分は国衙財政で補ったものである。十年十月にも京畿内等の今年の租を免除、十一年五月には天下の今年の出挙の利を免除と、疫病の影響は長引いていることがわかる。

行政機構の改革

疫病による人口減少は行政機構の改革を促した。天平十一年五月には郡司の定員を削減、同年末ごろには郷里制が廃止され、郷の下に置かれた里がなくなった。

軍備の縮小

軍備も縮小せざるをえなかった。九年九月には筑紫防人を停めて本郷へ帰し、壱岐・対馬の守りには筑紫の人をつかわすことにし、十年五月には全国の健児を停止、そして十一年五月には三関国、陸奥・出羽・越後・長門および西海道諸国といった軍事的に重要な国を除いて軍団兵士を停止するに至った。兵士が復活するのは天平十八年である。

宗教政策

また朝廷の対応で大きなものとして、宗教政策がある。諸社への奉幣祈禱、諸寺院や宮中における読経・講説等が行われ、天平九年十一月には全国に遣使して神社を造らせている。また国分寺・国分尼寺建立の勅が十三年二月に出されているが、それは前年までに出されていた関連施策を集大成した性格があり、疫病の惨禍に対して、その除災、救済を動機としたものであった。

二　広嗣の登用

広嗣従五位下に叙される

太政官を立て直す人事が行われた天平九年九月二十八日には叙位も行われ、広嗣が従六位上から従五位下に昇叙された。これが広嗣の初見であること、この日の叙位は緊急的なもので、五位以上五十五名の叙位がみえる大規模なものであったことはすでに触れてきたとおりである。藤原四子の最後の一人宇合が八月五日に死去してから五十三日後のことであった。この日には藤原氏では南家の豊成が正五位上から従四位下になったほか、北家の永手が広嗣と同様に従六位上から従五位下に叙されたこともすでに触れたとおりで、南家の乙麻呂も従六位上から従五位下に叙されている。

広嗣式部少輔となる

広嗣は翌年の四月二十二日に大養徳守に任ぜられたが、その任官を載せる『続日本紀』の記事に「式部少輔故の如し」とあるので、九年九月の叙位ののち、ほどなく式部省の次席次官である式部少輔に就任したとみられる（式部少輔の相当位階は従五位下）。なおこの大養徳守任官については、正倉院文書の「上階官人歴名」という文書にも記されているが、『大日本古文書』に翻刻する「大養徳守藤原広嗣兼式部卿」（二四巻七四頁）のうち「卿」は誤りで、原文書にはないものである（口絵。早川庄八「八世紀の任官関係文書と任官儀について」）。大養徳守就任後、式部少輔をいつまで兼ねていたかについては、吉備真備の薨伝（『続日本紀』宝亀六年十月壬戌条）に、「（天平）十一（ママ）年、式部少輔従五位下藤原朝臣広嗣、玄昉法師と隙有り、出でて大宰少弐と為る」とあることから、後述する十年十二月四日の大宰少弐遷任まで、式部少輔だったとみられている。なお少輔の上司には大輔と卿がいる。大輔については、十一年四月二十一日に従四位下で参議になった県犬養石次がその時点で式部大輔だったので、彼が広嗣の上司にいたかもしれない。式部卿は宇合没後しばらく空席だったとみられ、十年正月二十六日に中納言多治比広成が兼ねることになった。

式部省の業務

式部省の業務は、それを包括的に示す職員令の式部卿の職掌でみると、

内外文官の名帳、考課、選叙、礼儀、版位、位記、勲績を校定すること、功を論じ封賞すること、朝集、学校、貢人を策試すること、禄賜、仮使、家令を補任す

ること、功臣家の伝、田(誤カ)、

文官の人事

となっており、文官の人事を担当することが大きな柱である（武官の人事は兵部省）。ただ独自に叙任を行える強い権限をもっていたのは史生などの下級官人についてであり、四等官など、官位相当規定の適用される官人については式部省は太政官に対し判断材料を注申する事務部局の位置づけにあった（坂上康俊「日・唐律令官制の特質」）。したがって式部省の人事における権限をあまり強くみてはいけないが、文官の勤務成績のデータを総合的に取扱い、一定の推薦権を有していることは朝廷における影響力を保持するものであろう。

礼儀を掌る

一方、式部卿の職掌にある「礼儀」も式部省の重要な職務だった。儀式において官人の立ち位置を示す「版位」も規定されているように、実際の儀式に関わり、しかもそこで官人を監督した。養老七年（七二三）八月の太政官処分には「朝廷の儀式、衣冠の形制は、弾正・式部摠て知りて糾弾せ」とあり、このころ文武官人が雑任まで含めて、衣冠が規則に違い、進退がおそくたるんでいるとして、服装の細部まであげて非難し、「台・省の二司（弾正台と式部省）、明らかに告示を加えよ」と言っている（『続日本紀』同月甲午条）。『延喜式』の式部省式には、儀礼関係の規定が多くみえており、式部省は官人の儀式へ

平城宮式部省跡（奈良文化財研究所提供）

の不参や参列者の違礼を監督し、儀式後の賜禄も担当した。式部省は礼儀に則らない官人を糺正する権限を持ち、それは考課の材料になったり、禄を奪うという措置にもつながったのである。式部省式には節会のような儀式だけではなく、朝堂における官人の作法なども規定されている。広嗣の時代に『延喜式』の規定内容がどこまで存在していたか一概には言えないが、右の太政官処分から、式部省が官人の衣冠・進退を監督する強い権限を持っていたことは確かである。養老七年には宇合が式部卿だったと思われ、宇合はこれを受けて官人に対し儀礼遵守の監督を推し進めたであろう。ちなみに兵部卿の職掌には「礼儀」や「版位」はない。式部省は礼儀の職掌を通じて朝廷の全官人を監督する強い立場にあったと言える。式部卿や大少輔は官位相当では中務省（なかつかさしょう）を除く他六省と同位だが、実態的にはより高位の官と認識されており、それは人事関係の職掌だけではなく、このような礼儀を掌っていたことがその地位に影響したのである（虎尾達哉「律令官人制研究の一視点」）。

以上、広嗣の任式部少輔は結構な重職への任命と言え、しかも父宇合が長く卿を勤めた直後だから、宇合の力を引き継ぐという意味も有していただろう。

広嗣在任期における式部省関係の出来事

広嗣が式部少輔だったころは官僚機構の再建が急務だった時期だから、文官人事事務を扱う式部省の役割は特に重かったはずで、広嗣は朝廷の体勢を立て直すために忙しく働いていたであろう。このころの人事面では前節に記した多数の任官が目立つが、一方天平九年十月二十日の安宿（あすかべ）王・黄文（きぶみ）王・円方（まどかた）女王・紀（き）女王・忍海部（おしぬみべ）女王の叙位も注目される。この五人は長屋王の子女であり、黄文王は従五位下初叙だが、それ以外の四人は従四位下に叙されており、しかも安宿王は先月従五位下になったばかりで、これには疫病流行を長屋王の祟りと考え、その慰霊の意味があったとされる（寺崎保広『長屋王』）。広嗣がこの時点で式部少輔だったとは断言できず、また勅授だから式部省の関わりは限定的だが、かかる人事面における長屋王復権への傾斜について、広嗣はどのような感を抱いただろうか。さらに十年七月には、左兵庫少属大伴子虫が右兵庫頭中臣宮処連東人を殺すという事件が発生した。被害者の東人はかつて長屋王の謀反を密告した人物で、『続日本紀』は子虫は長屋王につかえて恩遇を蒙っており、一方、東人は長屋王を「誣告」した人だと記している。この記述がいつの時点の認識を示すか難しいが、犯行の動機解明の中で広がった認識がこの記述に関係しているであろう。ここにも長屋王復権への傾向が認められる。

また、先ほどの「礼儀」の面に着目してこの時期の『続日本紀』の記事をみていくと、広嗣が関係した可能性のある儀式が認められる。天平九年十月二十六日には『金光明最勝王経』を大極殿に講じ、朝庭の儀は一に元日に同じだった。十年正月元日には天皇は中宮に御して侍臣を宴し、五位以上を朝堂に饗した。ちなみにこの日信濃国から黒身に白い髪と尾をもつ神馬が献上されたが、このような祥瑞は国司らの功績として式部省に報告される。同十三日には阿倍内親王の立太子の儀があり、十七日には天皇は平城京北にあった松林苑に御し、文武官主典以上に宴を賜い禄を授けた。七月七日には天皇は大蔵省に御して相撲を覧じ、晩頭に西池宮に御して殿前の梅樹を指して、春の意を賦して詩を詠めと勅し、文人三十人がこれに応じ、五位以上に絁二十四、六位以下に六匹を賜った。これらすべてに広嗣が直接関係したとはもちろん断言できないが、広嗣にとってはたんなる朝臣としてではなく、職務上関係する行事であったと言える。なおこのほかに玄昉と吉備真備に関係することもあるが、それについては次節で触れたい。

広嗣大養徳守となる

さて、先述のように広嗣は天平十年四月二十二日、式部少輔のまま大養徳守に任じられた。大養徳国は、大・上・中・下とある国の等級の中で最高の大国で、その相当位は従五位上であるが、広嗣の位階は変わっていない。国名は前年の十二月二十七日、大倭国から改められたばかりだった。疫病に最も苦しんでいた天平九年、聖武天皇の詔には、「朕、不徳を以て実に茲の災を致せり」（『続日本紀』天平九年五月壬辰条）、「良に朕が不徳に由りて、この災殃を致せり」（同八月甲寅条）といった言い方がみられる。

大養徳国改称の意義

「大養徳国」への改称は、疫病の惨禍をうけて、自らの不徳を災異発生の原因として、徳を修養することによりその解決をはかろうという意図が込められたもので、これは自然界の異常現象が失政に対する天の警告・処罰であるとする災異思想に基づいたものである。聖武天皇が災異を自己の責に帰そうとする認識は早くからみられ、そのような考えに基づいて今般の災異を乗り越えようとする決意を表すものだった（舘野和己「聖武天皇の恭仁遷都」）。

広嗣の大養徳守任官はその国名用字改定以後、最初の守の人事だったと思われる。とすればこれはたんなる国司人事の一つとして軽く扱うわけにはいかず、聖武天皇の期待をこめた、また注目を集めた人事だったのではなかろうか。

大養徳守任官は抜擢

さらにこれまでの大倭守人事をみると、八世紀初期には従五位下の者が続いたが、養老元年の従五位上上毛野朝臣広人（任）、天平二年の従四位下大宅朝臣大国（在任、「大倭国正税帳」）、同四年の従四位上榎井朝臣広国（任）というように高い位階の者が任じられる傾向となっており、広嗣の後もおおむね正五位以上で、従三位の例もみられ、実質的には令規定の従五位上より高位のポストとなっていた。従五位下広嗣の大養徳守就任は抜擢だったと言えるだろう。

このころの藤原氏一族の動静をみると、同世代で最も年長の豊成は天平九年十二月参議になっているが、すでに兵部卿に在任していた。その弟仲麻呂は六年正月の従五位下叙位後、十一年正月に従五位上に昇ったことはわかるものの、官については明らかではない。広嗣と同時に従五位下になった乙麻呂は、広嗣が大養徳守になった十年四月の人事で越前守になっている。越前国はこのころは上国の扱いだったと思われる。また永手に関しては先の従五位下叙位以来人事の記録が途絶え、天平勝宝元年（七四九）四月にその従五位下から従四位下に昇叙されるまで現れない。五位になってからこのような長期にわたり官職・位階ともに記録がみえないのは、他の藤原氏と比べて不審であり、やはり病気か、あるいはそれを称して出仕しなかった可能性が高いと思う。弟の真楯の薨伝に、仲麻呂との関係から病と称して家居し、書籍に浸っていたとする記述があり（『続日本紀』天平神護二年三月丁卯条）、これを永手の伝が混入したものとする説がある（吉川敏子「仲麻呂政権と藤原永手・八束（真楯）・千尋（御楯）」）。このようにみてくると、年長の豊成や仲麻呂は別として、広嗣は式部少輔任官といい、大養徳守任官といい、同年代の藤原氏の中ではこの時期最も期待された人材だったのではないかと考えられてくる。

期待されていた広嗣

大養徳守としての広嗣の動静は知られないが、任期中、大養徳国に関係ある施策としては、天平十年八月に諸国に国郡図の造進を命じたことがある。翌年には郡司の定員が削減され、その年の末ごろには郷里制が廃止されており、それらを含めた行政改革への準備の一環であろうか。また十年十月には京畿内、芳野・和泉監の今年の田租を免じている。

三　玄昉と真備

広嗣が五位になる少し前に台頭したのが僧玄昉と吉備（下道）真備である。広嗣とこの二人、特に玄昉との対立は有名であり、乱の時に広嗣はこの二人の排除を主張した。そこで両人についてここで簡単に紹介しておきたい。

玄　昉

唐に留学

玄昉は俗姓阿刀氏。阿刀は安都などとも書き、物部氏と同祖の伝承を持つ氏族だが、八世紀には寮の長官クラスが稀にみられる程度で、ほとんどが下級官人という階層の氏族だった。養老元年（七一七）出発の遣唐使船で入唐し、次の天平度の遣唐使船で天平六年に帰国、翌年に入京したとみられる。在唐は十七年に及び、『続日本紀』の没伝（天平十八年六月己亥条）によれば、唐の皇帝に尊ばれて三品に准えて紫袈裟を着用し、帰国に際しては経論五千余巻と諸々の仏像を将来したという。天平八年二月には、封百戸、田十町、扶翼童子八人を施されている。ちなみに大宝度の遣唐使船で入唐し、養老二年に帰国してその後日本の仏教界に重きをなし、天平元年に律師となった道慈が帰国の翌年施された封戸は五十戸だった。

一切経事業に玄昉将来経を利用

その天平八年の九月より、光明皇后発願の一切経作成事業が玄昉の持ち帰った唐の最新の経典目録である『開元釈教録』を基準として本格的に展開する。この写経にはのち天平十二年五月一日付の願文が付されたため、「五月一日経」と呼ばれる。底本には玄昉の将来した多数の経典が用いられた。なお天平六年に開始された聖武天皇発願一切経の書写事業にも、玄昉の将来経典が利用されるようになっていた。

玄昉僧正となる

そして九年八月二十六日、玄昉は僧綱最高位の僧正に任命された。さらに同年十二月二十七日、玄昉は聖武天皇の生母、皇太夫人藤原宮子を皇后宮で診療した。宮子は久しく幽憂に沈み人事を廃して、聖武天皇を生んで以来いまだ会っていなかったのが、この日玄昉がひとたび看るや快癒して、行幸した天皇と相まみえることができたという。

藤原宮子を治療

天下慶賀せざるはなく、これにより玄昉には絁千匹、綿千屯、糸千絇、布千端が施された。個人に対する賞賜としては桁外れの額であり、すべて千であることからも、この数字には疑問も出されているが、疫病により打撃を受けた一年の年末に、暗い世相を打ち破らんとする特別に慶祝性を高める意味合い、また仏法による王権護持のための特別な経済的基礎を与える意味合いがあったのかもしれない。

玄昉の栄達

没伝によれば、玄昉は日本でも紫袈裟を施されて着用し、僧正となり内道場すなわ

玄昉を取り立てたのは聖武天皇と光明皇后

ち内裏の仏殿に安置され、それより栄寵日に盛んとなったという。紫色は諸臣三位以上の礼服・朝服の色である。内道場に入ることは、礼拝等に関わるだけでなく、天皇の看病禅師としての能力を評価されたのである。天平十一年五月には玄昉の病のために聖武天皇が勅して『仏頂尊勝陀羅尼経』一千巻を書写せしめており（高野山正智院所蔵同経奥書）、天皇の玄昉への思い入れがうかがわれよう。

以上みたように、玄昉の将来経典は聖武天皇・光明皇后それぞれの発願一切経に用いられた。また玄昉が特に優遇され始めたのは天平八年の藤原四子体制時代のことで、僧正に任命されたのは四子の最後に宇合が死去した直後のことであって、まだ橘諸兄は大納言にもなっておらず、太政官のリーダーシップは曖昧な状態だった。以上の経過から、玄昉を取り立てた中心人物は聖武天皇と光明皇后であったとみられよう（本郷真紹「宝亀年間に於ける僧綱の変容」）。ただ没伝には栄寵日に盛んとなったという記述に続けて、次第に沙門の行いにそむき、

玄　昉　像（木造法相六祖坐像のうち）（興福寺蔵）

時の人はこれを悪んだとある。なお国分寺・国分尼寺の建立政策にも、玄昉は道慈とともに関与したと考えられている。

吉備（下道）真備

次に真備は吉備の豪族出身の右衛士少尉下道朝臣国勝を父とし、名は真吉備とも書く。天平十八年に吉備朝臣の氏姓を賜っているので、広嗣の生きている時代は下道朝臣姓である。

唐に留学

持統九年（六九五）の生まれとみられ、入唐と帰国は玄昉と同じである。その薨伝によれば、留学中、経史をきわめ調べて衆芸に広く通じ、我が朝の学生で名を唐国にとどろかしたのは真備と阿倍仲麻呂二人のみという。『続日本紀』天平七年四月辛亥条に真備の献上品が列挙されており、そこには唐礼百三十巻をはじめとし、最新の暦、日影測定用の尺、楽器、楽書、数種類の弓箭が記録されているが、これらは真備の将来品の一部にすぎないとみられている。

帰朝後急速に昇進

真備はこの時点で従八位下にすぎなかったが、まもなく正六位下となり大学助に任じられ、八年正月に外従五位下、九年二月に従五位下と累進する。九年十二月の玄昉による宮子治療の際には宮子付き官司である中宮職の官人にも位を賜ったのだが、その時に真備は中宮亮で、従五位上に昇っている。この叙位に中宮大夫はみえず、またこの年八月に中宮大夫橘佐為が没しているので、真備は実質的に中宮職のトップだったようで、宮子治癒という慶事に真備も深く関わっていたのである。

翌十年七月七日、前節で触れたように天皇は相撲を覧じたのち、西池宮に御して文人三十人に詩を詠じさせたが、そこに「右衛士督下道朝臣真備及び諸の才子」（『続日本紀』）とあり、真備が彼ら文人の代表格となっており、また右衛士督だったことが知られる。

王権と強い結びつき

さらに薨伝には孝謙天皇（阿倍内親王）が真備を師として『礼記』と『漢書』を学び、「恩寵甚だ渥し」と記されており、これは天平十三年に東宮学士となったのちのこととする考えもあるが、東宮学士に就任していなくとも、最新の学問をひっさげて帰国し、早々と信頼を得た真備を招いて学問を学ぶことは不思議ではない。聖武天皇の皇太子時代にも、学芸に秀でた官人十六名に朝廷勤務ののち東宮に侍せしめる処置がとられたことがあり、阿倍内親王にも帝王教育が積極的に施されたと考えられる。以上、真備は帰国後急速な昇進を遂げたが、また王権と強い結びつきを得ていたと考えることができる。十一年八月には式部省に留められている蔭子孫（五位以上の子と孫）と位子（六位〜八位の嫡子）はみな大学で学問させよという処分が出されており、これなども何らかのかたちで真備の存在が影響しているのであろう。

真備と広嗣の接点

さて真備について、一般的な官人同士として以外に広嗣と何か接点はないだろうか。

真備は帰国後まもなく大学助に任じられたが、大学寮は式部省の管下にあり、したがって式部卿の宇合と関係がある。真備の入唐は宇合が遣唐副使だった時でもあり、また漢詩文に造詣の深い宇合のことだから、真備には強い関心を持ったであろう。

礼儀の職掌での関わり

また真備はさまざまな文化学術を日本に持ち帰ったが、その中でも重要なものに「礼（れい）」がある。礼は儒教的社会規範であり、日本における礼の受容過程で、真備の唐礼百三十巻を代表とする礼の将来は大きな画期と考えられている。新しい礼の知識の導入は実際の儀礼のあり方に影響を与えたはずである。式部省は礼儀を掌っていたから、ここにも宇合や広嗣との間に一つ接点が見出されよう。

後世の説話では真備は広嗣の師だったという話があるが（後述）、真備が帰国して活躍し始めた天平七年には広嗣はもう官人として活動していたと思われるので、少なくとも大学生として真備に学んだということはないだろう。個人的に教えを請うたということは考えられるが、真備は学者としてさまざまに伝説を生んだ人だから、安易に信ずることはできない。しかし上記のような背景で、広嗣と真備は個人的にも何らかの関係があり、そこからこのような説話が生まれていったのかもしれない。

真備の釈奠儀改革

ところで儀礼に関わる具体例として釈奠（せきてん）儀のことがある。真備の薨伝では大学・国学において儒教の先哲をまつる釈奠の器物と儀式を整備したことが特筆されている。これは天平二十年の釈奠儀改定のことと考えられているが、大学助在任は釈奠に関わる最も有力な契機だから、そのころからの問題提起が天平二十年（真備は大学寮を一応離れている）に至って実を結んだのではなかろうか。ただし釈奠は大宝令に規定されていたが、実際にはなかなか行い難かったところ、大学助に就任した藤原武智麻呂が慶雲二年（七〇五）に祭文を作らせたという（『家伝』）。すなわち日本の釈奠の歴史において武智麻呂は初期の整備推進者であり、真備はその後の改革者としての位置づけになる。釈奠に限らず、新しい礼の導入は従前から儀礼を掌ってきた式部省と摩擦を起こすこともありえるだろう。このようなことが宇合や広嗣と真備の関係に影を落とした可能性も考えられるのではないか。

宮子治療と式部省

なお玄昉による宮子治療の際、真備は中宮亮として従五位上に昇叙されたが、その事務には式部省が関わるわけで、広嗣はこの叙位に何らかの思いを抱いたかもしれない。ちなみにこの時の玄昉への賜与に関しても、式部卿の職掌には「功を論じ封賞すること」「禄賜」があり、「禄賜」には臨時の給賜も含まれると『令集解』諸説は解している。この時の式部省の具体的関与については不明だが、広嗣はその職掌柄、この異様な賜与についても何らかの意見を持ったことが考えられる。

四　大宰少弐遷任

広嗣大宰少弐に遷る

広嗣は大養徳守任官後一年も経たない天平十年十二月四日、大宰少弐に任じられた。大宰少弐は大宰府の次席次官で、相当官位は従五位下であり、広嗣の位階に合ってはいるが、大養徳守の相当位従五位上に比べると低い。すなわち都から遠く離れた格下の官に遷されたのであり、普通これは左遷とみられている。

左遷か否か

ただ大宰帥は欠員で、広嗣と同時に大宰大弐に任じられた高橋安麻呂が赴任しなかったらしいとされることから、大宰少弐は実質的に西海道の最高権力者になるので、けっして左遷ではないという意見もある。

大宰大弐高橋安麻呂

しかし安麻呂の大宰大弐任命は広嗣監視の意味があったという説もある（松崎英一「大弐考」）。高橋朝臣氏は天武朝に膳臣氏から改姓した氏族で、古来天皇の食膳に奉仕したことで知られるが、一方古くより遣外使節や武人として活躍した者もいる。安麻呂自身、神亀元年の征夷軍では藤原宇合の下で副将軍を勤めた。さらに宇合の男子清成の母は従四位上高橋笠朝臣の女、阿禰娘であり、高橋笠朝臣は、大宝元年（七〇一）に遣唐大使となり（ただし渡唐せず）和銅三年（七一〇）に従四位上で死んだ高橋朝臣笠間のこととすると、宇合と高橋氏は安麻呂自身を含め、浅からぬ因縁がある。また、この年八月に橘諸兄宅で開かれた宴会で、安麻呂は橘の木を讃える豊島采女の歌を披露しており（『万葉集』巻六）、諸兄と親しかったらしい（中村順昭『橘諸兄』）。したがって高橋安麻呂は外交と軍事で重要な大宰府への任官は氏族としての伝統からふさわしく、また広嗣を見守る役としてもふさわしいものがある。安麻呂が赴任しなかったとされるのは、右記の『万葉集』の歌の左註に彼が右大弁とあるからだが、大宰大弐任官後も右大弁だった証拠はない。また大弐の前任者は紀朝臣男人だが、男人は天平九年七月に右大弁の時、勅使として武智麻呂邸に遣わされ、ついで十年十月三十日に大宰大弐で没した。彼が大宰府で没したことは、その骨送使が十一月に周防国を通り京へ向かったことを「周防国正税帳」が記していることからわかる。つまり右大弁から大弐になり赴任した実例が直前にあるのである。高橋安麻呂も実際に赴任したとみてよいのではなかろうか。

ただし安麻呂はその後史上にみえなくなり、天平十二年には広嗣が挙兵している。これについては、彼がすでに五十歳を超えていたとみられるので、死亡したかまたは病気、その時に在京等の理由で広嗣を止められず、のちに処罰された等の事情が考えられるだろう。

以上、広嗣の大宰少弐遷任については、やはり左遷的意味合いがあったとみてよい。大養徳守人事の実態からも、出世街道を外れてしまった感がある。ただ官位相当内の遷任であり、懲罰的意味合いはさほど強くないと思われるし、大宰少弐の職掌も軽いものではないだろう。また父宇合に縁のある所でもあり、広嗣に対する配慮が感じられる。

広嗣への配慮

どうしてこのようなことになったのだろうか。広嗣の乱が起こった時、政府は西海道諸国の官人・百姓にあてて、広嗣を非難して彼を討つことを奨める勅をばらまいたが、そこにこの間の事情が書かれている。これは説話以外で広嗣の人物像に直接触れている珍しい史料でもあり、やや詳しくみていきたい。

乱における広嗣非難の勅

> 逆人広嗣は小来凶悪にして、長じて詐奸を益す。その父故式部卿常に除き弃てむと欲すれども、朕許すこと能わず、掩い蔵して今に至れり。比、京中に在りて親族を讒じ乱す。故に遠きに遷さしめてその心を改むることを冀う。（『続日本紀』天平十二年九月癸丑条）

つまり、広嗣は少年の時期から凶悪で、長ずるに及んでますます人をいつわる、よこしまな行いをするようになった。その父の故式部卿宇合は常に彼を除こうとしていたが、自分はそれを許すことができず、今までかばい隠してきた。このごろ京中で親族をそしってその和を乱しているので、遠くに遷して改心することを願った、というのである。

これは反逆者である広嗣をことさらに悪人として描こうとするもので、当然疑ってかかるべき内容である。「小来凶悪にして、長じて詐奸を益す」という性格については、次の例と比較するのがよいだろう。

反逆者非難の文言例

左大臣正二位長屋王、忍戻昏凶（残忍で心ゆがみ、おろかで凶悪な性格）、途に触れて著る。慝（悪事）を尽して姧を窮め、（長屋王の変。『続日本紀』天平元年二月丙子条の勅）

稟性兇頑（生まれつきひたすら悪い性格）、昏心転逆（おろかで人をひどく苦しめる）、（橘奈良麻呂の変、関係者十三人について。同天平宝字元年〈七五七〉八月甲午条の勅）

逆賊恵美仲麻呂、為性凶悖（凶悪で理にそむく性格）にして、威福日に久し（威圧と恩寵で人を服従させ続けてきた）。（藤原仲麻呂の乱。同天平宝字八年〈七六四〉九月癸亥条の勅）

これらがとうてい信じられないことは明らかだろう。もっとも仲麻呂についての「威福日に久し」は虚偽とばかりも言えないだろうが、少なくともこれらを参考にすれば、

性格記述に信憑性なし

先の広嗣についての記述から彼の性格を判断してはいけないことは明白である。しいて

言えば、広嗣は乱に際し上表文を出して政治を批判しているから、「詐奸を益す」というのは、その批判を意識した表現なのであろうか。

次に「父故式部卿常に除き弃てむと欲すれども、朕許すこと能わず、掩い蔵して今に至れり」については、広嗣の左遷前の任官状況は、宇合が除こうとしていたのを許さずかばってきたという程度とは思えない、積極的登用である。宇合が除こうとしていたというのは、西海道節度使として、また大宰帥として西海道に強い記憶を残していた宇合が実は広嗣を除こうとしていたとすることによって、西海道の人たちの広嗣への共感を断ち切ろうとしたものである。

「讒乱」の意味

さて次に「比、京中に在りて親族を讒じ乱す」ということがあったので、遠くに遷したという記述の問題である。これは近年の具体的なことであり、遷任は事実で、しかも左遷の意味合いがあるのだから、何らかの特別の事情を想定することは許されるだろう。

「親族を讒じ乱す」（原文「讒二乱親族一」）とは、親族の悪口を言って、その和を乱したという意味である。しばしば、広嗣が讒乱したのは誰か、というような問題の立て方をされるが、讒乱されるのは親族という集合体である。もちろんその前提にその親族の誰かを中傷したということがあり、そのために親族の和を乱したということになるのだが、勅が言っているのは、誰かを讒言したことだけでなく、親族の和を乱したことを問題にしたのだ、ということだと考えられる。それに関連するような事実はあるだろうか。

豊成・仲麻呂との関係

ここで乱の時における広嗣と藤原氏一族との関係をみてみると、豊成と仲麻呂は広嗣と袂を分かっていることが明白である。すなわち、乱が起こった後、聖武天皇は平城京を離れ、伊勢・美濃等へ行幸するが、乱の決着がつく前に出発したもので、緊張はまだ解けていなかった。内乱で気をつけるべきは同調する者の出現である。広嗣の同族も警戒すべき対象であろう。しかし行幸にあたって豊成は平城京の留守官となっている。しかも彼は兵部卿でもあった。兵部省は全国の軍事力を把握管理する官司であり、豊成を平城京の留守官とするのは、よほど信頼していなければできないことだろう。さらに彼は中衛大将でもあり、自身の配下にも精強な兵力を持っていたのである。一方仲麻呂は行幸の前騎兵大将軍となっている。これも騎兵を率いて天皇を守護する役割を担ったものであり、やはり聖武天皇の信頼が厚かったことを示している。このようにこの二人は広嗣の乱の最中に聖武天皇から厚い信頼を寄せられているのであり、広嗣と対立していたことは明らかである。

対立の原因としては、のちの広嗣の主張からみて玄昉と真備を重用する政治への批判がその背景にあったことは考えられ、そのような政治的意見が豊成・仲麻呂らとの対立を引き起こしたとみてよいだろう。ただ、広嗣が豊成・仲麻呂らと対立したことはこれまでも導き出されているが、「讒乱」の語はやはり広嗣の悪人性を示すものだから、この勅の目的や、寛大とも言える処分だったことからして、広嗣が誰かを中傷したかどうかについては保留し、ここでは広嗣の過激な意見が藤原氏内部に対立を引き起こしたということにとどめたい。政治的意見による対立が深刻化して朝廷全体を巻き込むようになることを防ぐために、為政者にとって好ましくない意見の側の広嗣を遠ざけたのであろう。「親族を讒じ乱す」という句を持ち出してきた勅の背後にはそのような状況を想定したい。

広嗣の意見が藤原氏内部に対立を起こす

五　大宰府

広嗣の着任時期

天平十年十二月四日に大宰少弐に任じられた広嗣の着任は、地方赴任に際し与えられた準備期間や大宰府までの行程を考えると、特別な事情のないかぎり翌年の二月ごろだったと思われる。ちなみに十年八月十日に豊後（ぶんご）守に任じられた外従（げ）五位下小治田（おわりだ）朝臣諸（もろ）

人は六十三日後の十月十四日に周防国で官給を受けていることが「周防国正税帳」からわかる（八月は大の月で三十日、九月は小の月で二十九日ある）。同じ日数を単純に広嗣の場合にあてはめれば二月八日が周防国通過日ということになる（十二月は大、十一年正月は小の月）。一応の目安にできるだろう。

大宰府

大宰府は西海道諸国を統括しつつ、外交の任にあたった地方官司である。その機構は、帥以下の四等官のほか、祭祀を掌る主神、大小の判事、各種造営製作にあたる大工・少工、防人のことを管掌する防人司の官人など、多種多数の官員を擁し、帥の相当官位は従三位であって、八省の卿（中務卿は正四位上、ほかの七卿は正四位下）より高かった。また大宰府は大宝二年から西海道諸国の掾以下と郡司の銓擬権を有し、養老六年には管内の大隅・薩摩・多褹・壱岐・対馬という辺要国嶋の司に欠員があれば、大宰府官人を権に補すこととされた。管内諸国の中央への申請は大宰府を通し、財政的にも管内の調庸はすべて諸国から大宰府に納められ、中央へ一部分が送られたほかは大宰府で消費された。このように大宰府は大規模な官司で、強い権限を持っていた。

すでに触れてきたように広嗣の父宇合は西海道節度使として大宰府に強い記憶を残し、その後も遙任とはいえ、つい先ごろ死去するまで大宰帥だった。母方の祖父石上麻呂

もう一人の少弐多治比伯

大宰府政庁跡（太宰府市日本遺産活性化協議会提供）

も大宰帥を勤めたことがある。したがって広嗣はすでにかなりの権威をまとって大宰府に着いたことだろう。ただし少弐の定員は二人で、すでに広嗣と同じ従五位下の位をもつ多治比伯（おおじ）という少弐がいた。『続日本紀』天平十一年三月癸丑（きちゅう）（二十一日）条によれば、「大宰少弐従五位下多治比真人伯等の解（げ）」で報告された対馬の祥瑞出現により、賑給や調庸免除、関係者への賜爵・賜物などが行われている。大宰府からの報告はこの日より前のことで、その時に多治比伯は大宰府を代表していた。高橋安麻呂はまだ着任していないことになるが、広嗣が代表していないことについて着任と関係あるかどうかは時期が微妙で難しい。ただし伯の従五位下は天平七年に授けられたもので、広嗣よりも早い。年齢も広嗣より上とみてまちがいないだろう。五位以上の同位者の列次は、養老公式令文武職事条により、授位の先後により、一方和銅六年（七一三）の制では年の長幼によるとされており、いずれにしても伯の方が広嗣より列次としては上になる。伯の系譜は不明だが、多治比氏は宣化天皇の血を引き、大宝律令成立期には左大臣嶋がおり、その子には大納言池守、中納言県守、同広成がいる。大宰府との関係でも、嶋は天武朝に筑紫大宰で、池守は養老元年に大宰帥として善政を賞されている。県守も大弐を勤めた。広嗣の家柄から、広嗣が伯をしのいだとする考えもあるが、伯もこのような家柄であって、広嗣が簡単にないがしろにできたとは思えない。しかし伯はこののちには史料にみえず、動静はわからなくなる。

また、天平十二年の乱発生まで広嗣も動静は知られない。以下にはその間の大宰府に関わる状況をみておきたい。

外交の状況

新羅との関係

大宰府の重要な職務である外交に関しては、新羅の使節の来航に際し、その迎接を行うことが多かった。広嗣着任前の天平十年正月には新羅使金想順ら百四十七人が来朝したことが大宰府から報告されている。この新羅使については入京させず、六月に中央から大宰府に使いを遣わして饗した上で帰国させている。広嗣在任中は新羅使の来航は記録されていない。ただしこのころ日本と新羅の関係は悪化していた。新羅使は七世紀以来頻繁に来ていたが、天平六年に来朝した新羅使は、新羅が国号を王城国と改めたとして帰され、ついで同八年の日本からの遣新羅使が翌年帰国して新羅が常礼を失して使いの旨を受けなかったと復命したので、朝廷では五位以上と六位以下の官人四十五人を内裏に召して意見を徴したところ、遣使して理由を問うべしとする意見とともに、兵を発して征伐すべきとする意見もあったという。天平九年二月のことである。後述するように広嗣は国際関係を重視した積極的軍備の意見を持っており、石母田正氏は、発兵の意見を述べた一人は広嗣ではなかったろうかとしている（石母田正『日本の古代国家』）。

渤海使の来着と天平十二年の遣新羅使

一方、天平十一年には渤海の使者が出羽国に来着した。渤海使は王の啓書と方物を奉呈し、翌年正月の朝賀に参列、その他各種の行事があった。帰国する渤海使やそれに合わせて日本から派遣された遣渤海使はおそらく北陸から出航し、大宰府を経由していないと思われるが、それらとほぼ時を同じくして遣新羅使が派遣されている。渤海使来日と関係があるだろう。この遣新羅使は十二年四月二日に拝辞し、九月には帰還の途中長門国に停泊しているので、往還の際に筑紫で広嗣に会った可能性があり、広嗣は渤海使の様子を含め、外交情勢について種々情報交換したかもしれない。

軍備

軍団兵士制の状況

大宰府において外交と密接な関係にあるのが軍事の問題である。全国の軍団兵士制は天平十一年五月から十八年十二月まで停止されたが、前述のとおり西海道諸国はその措置から除かれていた。その兵力については、弘仁四年（八一三）に西海道の兵士を削減した太政官符によると、その時まで筑前・筑後・豊前・豊後・肥前・肥後六国に、軍団が計十八あり、兵士が一万七千百人いた（『類聚三代格』同年八月九日太政官符。表参照）。上記以外の日向・大隅・薩摩三国にも軍団と兵士は存在し、あるいは存在が推測される。上記の数字が天平当時まで遡るか明確ではなく、特に宝亀十一年（七八〇）には若干の変動があったらしいが、広嗣が着任した時にもおおむねこれに近い軍団兵士の存在を西海道に想定してよいだろう。

表　弘仁4年（813）減定前後における西海道6国の兵士数と軍団数

国	兵士数		軍団数
	減定前	減定後	
筑前国	4,000	2,000	4
筑後国	3,000	1,500	3
豊前国	2,000	1,000	2
豊後国	1,600	1,000	2
肥前国	2,500	1,500	3
肥後国	4,000	2,000	4
合計	17,100	9,000	18

選士制

西海道には軍団兵士以外に選士という兵種が存在した。詳細は省くが天平四年の節度使の下で選士の整備があったようである。ただし同じく節度使の時に全国に整備された同様な武力として健児があり、これが天平十年に停止された時の史料に「東海・東山・山陰・

山陽・西海等道」の諸国の健児を停めたとある（『続日本紀』同年五月庚午条）。この西海道についてはおそらく選士のことで、選士もこの時に停止されたのだろう。つまり選士は広嗣在任時は停止されていたと考えられる。

防人制

西海道の軍事力として有名なのは防人である。防人は令規定では軍団兵士が三年交替で派遣されることになっていたが、疫病により天平九年に先述のとおり筑紫の防人を停止して本郷に帰し、壱岐・対馬は筑紫の人を派遣して守らせた。この時実際に帰還する防人に供給を行ったことが正税帳にみえており、その人数は二千二百人余、知られる出身地は東国である。この天平九年の措置で、壱岐・対馬以外の地域における警固はおそらく現地の軍団兵士が交替しながら行う方式に転換したのだろう。以後も防人制には変遷があるが、広嗣が大宰府に在任していた時期にはこのような状態だった。

大宰府そのものの軍事力

大宰府そのものに配備された軍事力については、選士制が機能していない状況では軍団兵士が主に考えられる。一般に軍団兵士は訓練をはじめとして種々の任務を果たしたが、その中でも国府、特に駅鈴を納めた蔵や兵庫を守衛することは重要な任務だった。大宰府でも同様に守衛任務があったはずである。主要な対象として大宰府の政庁、曹司、兵庫、大蔵が考えられ、また条坊域における治安維持のための巡行なども想定されている（松川博一「大宰府軍制の特質と展開」）。その担い手には、まず筑前国の軍団兵士がある。もともと大宰府は筑前国を帯するとされており、筑前国には大宰府を支える性格があった。ただし、大宰府跡から出土した天平六年四月二十一日の日付をもつ木簡に、

兵士合五十九人　□　□二人　兵士□三人
定役五十四　〔筑前カ〕□□兵士卅一　筑後兵士廿三

という記載があり、天平六年の時点で大宰府に筑後国の兵士が詰めていたことがわかり、筑前国以外にも西海道諸国の兵士が大宰府に上番（じょうばん）する制度が存在していたらしい。

六　広嗣の乱前夜

巡察使の派遣

広嗣の大宰少弐就任の少し前、天平十年十月に朝廷は巡察使（じゅんさつし）を七道諸国に派遣した。巡察使は翌年にかけて活動し、先にあげたような疫病被害への対策立案、地方政治の改革に貢献したと思われる。巡察使は国司の職務状況を監察することも任としており、着任早々の広嗣も巡察使の監察対象になったと思われ、赴任の事情もあるので注意を払われただろうが、知られるところはない。

天平十一年正月の叙位

中央の動向をみていくと、天平十一年正月十三日、定例的叙位があり、橘諸兄が従二位になったほか、藤原豊成が正四位下、同仲麻呂は従五位上に昇った。つい一月前の広嗣左遷と対照的である。仲麻呂は天平六年の従五位下叙位から五年後のことであったが、翌十二年正月にも正五位下に昇っており、以後急速に昇進していく。

甕原離宮への行幸

ついで、同年三月二日から五日まで聖武天皇は山背国相楽郡にある甕原離宮に行幸、さらに同じ月の二十三日から二十六日まで、今度は元正太上天皇とともに同離宮に行幸した。甕原離宮は後の恭仁宮の近辺にあった離宮であり、『万葉集』には恭仁新京のことを「三香原新都」と記した例もある。恭仁遷都は天平十二年の広嗣の乱の最中に伊勢・美濃等へ行幸に出発した聖武天皇が、そのまま恭仁宮に入って実現したもので、それについては後述するが、十一年三月の行幸は恭仁宮造営への一つの画期であっただろう。

石上乙麻呂の姦通事件

この天平十一年三月には、広嗣に近い朝廷高官の姦通事件が世間を賑わした。当時従四位下左大弁という要職にあった石上乙麻呂が久米若売を奸したとして土佐国に、若売は下総国に配流されたのである（いずれも遠流に該当）。乙麻呂は広嗣の母国盛の兄弟である。一方若売はもと宇合の妻の一人であった。律の規定では姦（婚姻によらない男女の情交）は徒一年、夫があれば同二年とされており、この事件では刑罰が律の規定より重すぎることから、その理由がさまざまに解されてきた。その中に政治的事情を想定する説があり、中でも、木本好信氏の、乙麻呂は順序として参議に登用せざるをえない位置にいたが、広嗣を中心とする式家と結びついていたため、諸兄が彼を除外せんとしたとするのが重要な見解であろう（木本好信『律令貴族と政争』）。

政治的事情を想定しない説では、天皇の支配下にある女性との私通が問題にされたとする見方（梅村恵子「「流」の執行をめぐる二、三の問題」）などがあるが、一年後に若売は許されているのに乙麻呂は許されず、彼の次にみえる記事は天平十五年五月に従四位下から従四位上に叙されたというもので、復帰したのは広嗣の乱後のことらしく、その処遇に乱との関係がうかがわれる。また『懐風藻』に載せる彼の詩には恨みの感情が吐露されており、法的根拠のみに基づく処罰ではない、政治的事情が背後に考えられ、木本説に魅力を感じる。広嗣との結びつきが実際にどれほどであったかは何とも言えないが、広嗣との関係を警戒されて若売との交際が利用され、失脚したのだろう。広嗣にとってもこれは痛手だったと思われる。

広嗣の理解者・同調者の問題

石上乙麻呂の事件は朝廷における広嗣の理解者・同調者の存在に関わる問題であるが、

同じ問題に関して、『続日本紀』天平十三年正月甲辰条の広嗣の乱関係者の断罪記事に出てくる三人の人物がいる。

　逆人広嗣が支党、且つ捉獲われたるは、死罪廿六人、没官五人、流罪卅七人、徒罪卅二人、杖罪一百七十七人。これを所司に下し、法に拠りて処る。従四位下中臣朝臣名代、外従五位下塩屋連吉麻呂・大養徳宿禰小東人ら卅四人を配処より徴す。

この記事に出てくる中臣名代・塩屋吉麻呂・大養徳小東人（大和長岡）ら三十四人もやはり広嗣に関連して処罰されたものとみなす理解があり、水本浩典氏は詳細に検討して、原文「徴……於配処」は「配処より徴す」と読むべきとし、彼らは天平十二年六月（そのとき大赦があった）以後に罪を得て、乱の支党逮捕者の裁判が終了した時点で赦され、入京することを許可された、と解した。そして広嗣の乱は京内における政治情勢に呼応する事件で、広嗣と関係深い人物が多くこの事件の周辺に存在したと想定している（水本浩典「大和宿禰長岡と広嗣の乱」）。

広嗣支党処罰と中臣名代らの関係

しかし森田悌氏が指摘するように、三人は位階を帯びており、彼らを配流者とはできないだろう（森田悌「藤原広嗣の乱」）。塩屋吉麻呂と大和長岡は著名な明法家で、長岡は天平十年閏七月に刑部少輔になっている。中臣名代も天平十年には神祇伯だったが、『尊

名代らは裁判関係者

卑分脈』などの系図類に刑部大輔とあり、その在任時期は不明だが、三人とも法曹関係者であったと言うことができ、これは偶然とは思えない。したがって森田氏が指摘するように裁判に従事し、その結果が出たので召還されたとみたい。その召還命令がここに書かれているのは、西海道で起こった反乱の裁判を現地で行うという特殊な形態ゆえ、裁判の結果を記した一連の資料に裁判官の派遣と召還のことも合わせて書かれていたからだろう。

このほか、天平十三年三月に小野朝臣東人(おののあそんあずまひと)が東西の市にて決杖各五十に処され、伊豆三嶋(いずみしま)に配流されたことが『続日本紀』に書かれており、これも広嗣の乱との関連が疑われるが、詳細はわからない。

政権の警戒

広嗣の乱について、都での理解者・同調者の存在について言及されることはしばしばあるが、以上のように、石上乙麻呂にはその可能性があるものの、明確に言える例は検出できない。しかし政権は大きな警戒感を持っていたと考えられる。小倉慈司氏は天平十二年の光明皇后発願五月一日経の願文や、同年三月十五日の藤原夫人発願一切経の願文には、特に臣下の忠節を祈願する句が入れられていることを指摘し、それを広嗣との関連で理解し、広嗣の暴走を防ぐというよりは、朝廷内の動揺を抑え、広嗣を切り捨て

皇后藤原氏光明子奉為
尊考贈正一位太政太臣府君尊妣贈
従一位橘氏太夫人敬寫一切經論及
律荘嚴既了伏願憑斯勝因奉資冥
助永庇菩提之樹長遊般若之津又
願上奉　聖朝恒延福壽下及寮
采共盡忠節又光明子自發誓言弘
濟沉淪勤除煩障妙窮諸法早契菩
提乃至傳燈無窮流布天下聞名持卷
獲福消災一切迷方會歸覺路
天平十二年五月一日記

光明皇后御願，五月一日経願文（『四分律』巻第23．聖語蔵経巻）
「寮采」（百官）が「共に忠節を尽す」ことを祈願する句がある．

漠然とした共感

てこれまでの政治・宗教路線を推し進めていこうとする光明子の決意表明と捉えている（小倉慈司「五月一日経願文作成の背景」）。広嗣は敗死するが、彼の主張した玄昉と真備の排除は、後述するようにその後玄昉が左遷のうえすぐに死亡し、真備も一時不遇の地位に落とされたので、結局実現したとも言えるのであり、過激な広嗣にはっきりと同調する者は見当たらなくとも、漠然とした共感はある程度広がっていたとみてよいだろう。

話を天平十一年に戻すと、その四月七日に中納言多治比広成が没し、同二十一日、大野東人（おおののあずまひと）、巨勢（こせ）朝臣奈弖麻呂（なでまろ）、大伴牛養（うしかい）、県犬養石次が新たに参議に任命され、それまでの右大臣橘諸兄、知太政官事鈴鹿王、参議大伴道足・藤原豊成と合わせて、大中納言がいないという構成ではあるものの、人数的にはようやく指導層の充足をみた。

翌十二年正月には藤原仲麻呂が正五位上になり、また同じ南家の巨勢麻呂（こせまろ）、北家の八束（やつか）（真楯（またて））が従五位下に叙された。仲麻呂は一年前に従五位上になったばかりであり、巨勢麻呂と八束はかつて広嗣と同時に従五位下になった乙麻呂・永手のそれぞれ弟である。

その年五月十日、聖武天皇は山背国相楽にあった橘諸兄の別業に行幸し、宴たけなわにして諸兄の息の無位奈良麻呂（ならまろ）に従五位下を授けた。当時二十歳であったらしく、令規定の蔭叙（おんじょ）年齢二十一歳より若い。また諸兄は当時従二位で、その嫡子の蔭位は正六位下とするのが令の規定である。もっとも諸兄の元皇親としての立場が考慮されたとすれば、皇親の蔭位は諸臣と違うので、叙された位階に制度との関係を考えられなくもないが、いずれにせよ、この叙位が特別な処分であったことはまちがいない。

諸兄政権の安定と藤原南家・北家の伸長

このように橘諸兄が政権を安定させつつ聖武天皇との関係に緊密さを加え、藤原氏南家・北家もその中で徐々に勢力を増しつつあった。しかしこれらの動向は、広嗣にとっては不満や疎外感を募らせていく方向になったのではないか。

六月十五日、大赦が行われ、先に配流された久米若売は京に召喚されたが、石上乙麻呂は赦されなかった。

同十九日、国ごとに法華経（ほけきょう）十部を写し、七重塔を建てることが命じられた。国分寺建立事業に該当するもので、そこに玄昉の関与があることは前述した。しかしこれらは諸国の負担になるものであり、実際にはなかなか行い難かったらしい。

第四　藤原広嗣の乱の勃発

一　乱のはじまり

広嗣上表文を提出

天平十二年（七四〇）八月、広嗣は上表文を提出した。『続日本紀』の同年八月癸未（二十九日）条に、そのことが記されている。

大宰少弐従五位下藤原朝臣広嗣、表を上りて時政の得失を指し、天地の災異を陳ぶ。因て僧正玄昉法師・右衛士督従五位上下道朝臣真備を除くを以て言とす。

広嗣反すとの記事

上表の内容は、時政の得失＝時の政治の善し悪しをさし示し、天地の災異を陳べて、玄昉と下道真備を除くことを言い立てたというものである。『続日本紀』には、四日後の九月丁亥（三日。この年の八月は大の月で三十日まである）の条に、

広嗣遂に兵を起こして反す。

とあり、それに続けて、勅して大野東人を大将軍、紀朝臣飯麻呂を副将軍となし、東海・東山・山陰・山陽・南海五道の軍一万七千人を徴発して、広嗣を討たせると記されている。ここに広嗣の乱が勃発した。壬申の乱以来、六十八年ぶりの内乱である。

大野東人を大将軍とし広嗣を征討

大将軍の大野東人は壬申の乱で近江方の将であった大野君果安の子で、第二で触れたように神亀元年（七二四）の征夷で功績をあげ、その後も長く東北で陸奥鎮守将軍として活躍し「謀中らぬこと尠し」（『続日本紀』天平九年四月戊午条）と言われた人物である。動員された軍が一万七千というのは、前章に見た西海道六国の兵士数の例に近いことが興味深い。続いて九月四日には隼人二十四人を御在所に召し、右大臣橘諸兄自ら勅を宣して位を授け、その位に相当する衣服を賜って発遣した。広嗣軍に隼人がいることを想定した処置である。さらに五日、佐伯宿禰常人・阿倍朝臣虫麻呂に勅してまた発遣し軍事に任用せしめた。二人はこののち、西海道の前線で勅使として軍を率い、広嗣方と戦っている。

乱発生記事の解釈

以上、乱の発生当初の推移を、『続日本紀』の記事を紹介しながら一気にみてきたのだが、乱がどのように起こったのかを示す八月二十九日条と九月三日条の関係については、大別して二つの見方がある。一つは、広嗣が八月二十九日に上表文を発し、それが九月三日に到着（四日後＝足かけ五日は、飛駅であれば可能である）、それをみた朝廷が広嗣の反乱と判断し、征討軍を発動した、というものである。たとえば新日本古典文学大系『続日本紀』の補注は、八月二十九日付けの上表文が九月三日に都に到着し、その内容から朝廷はただちに広嗣の行為を「反」と断定したとし、上表文には玄昉と真備を除くため、兵を率いて上京する旨が書かれていたからこそ、即座に大将軍以下の任命や大軍の動員が行われたと推定している。もう一つの見方は、九月三日条の広嗣挙兵記事を、八月二十九日条の上表とは別の何らかの情報によったとみるもので、たとえば八月二十九日に広嗣の上表が到着し、ついで九月三日に挙兵の報告が到着したなどと解するが、八月二十九日を上表（発）の日付としたり、九月三日に挙兵したなど、論者によって少しずつ差違がある。

続日本紀における反乱記事

このように広嗣の乱発生の過程については、まだ不確定な要素が残されている。そこで、これらの記事を理解するために、『続日本紀』におけるほかの反乱発生の記事をみてみると、養老四年（七二〇）の隼人の反乱では「大宰府奏して言さく、隼人反して、大隅国守陽侯史麻呂を殺せり」（同年二月壬子条）とあるように、地方からの報告を引いて、反乱により国司が殺されたことを述べている。ほかに同年の蝦夷の反乱、神亀元年の蝦夷の反乱も同様で、宝亀十一年（七八〇）の陸奥国の伊治公呰麻呂の反乱の場合は現地報告の体裁はとっていないが、呰麻呂が按察使の紀朝臣広純を伊治城で殺害し、反乱を起こしたことを詳細に記している。これらと比較すると、広嗣の乱における「広嗣遂に兵を起こして反す」（原文「広嗣遂起レ兵反」）という記事は、反乱の発生＝武力の行使について具体的様相が書かれていないという特徴を持っているようにみえる。

藤原仲麻呂の乱の記事

また反乱といえば、さらに天平宝字八年（七六四）九月十一日に発生した藤原仲麻呂の乱がある。仲麻呂の逆謀を知った孝謙太上天皇がこの日、中宮院の駅鈴と内印を収めようとしたのに対し、仲麻呂がそれを奪おうとして武力衝突が起こったことから始まったとされ、『続日本紀』の同日条にその詳しい経過が書かれている。そこで敗れた仲麻呂は逃走したが、最後は琵琶湖のほとりで討たれた。その首が平城京に伝えられた九月十八日の条に仲麻呂の伝記と乱の全体経過が書かれており、その中に、仲麻呂は太上天皇が中宮院の鈴印を収むるに及んで、「遂に兵を起こして反す」（原文「遂起レ兵反」。広嗣の乱と同じ）と表現されている。ここでは、その前の九月十一日条で戦闘の発生が詳しく記述されているので、「遂に兵を起こして反す」の具体的内容を知ることができる。これに比べると、広嗣の乱の場合の「遂に兵を起こして反す」は、やはり具体性に欠けるごとくである。

このような『続日本紀』のあり方をみたうえであらためて広嗣の乱の発生過程について考えてみると、先述したとおり、広嗣上表からの流れをめぐっては、上表とは別の何らかの挙兵に関する情報を想定する見方があったが、そのような情報があれば、『続日本紀』にはもう少し具体的に書かれてしかるべきだろう。とすると残る史料は八月二十九日条に書かれる上表のことであり、ここで上表文そのもののさらなる検討が必要になってくる。

実はこの上表文については、『松浦廟宮先祖次第幷本縁起』という書にその本文が載っている。しかし同書は玄昉と道鏡を混同するなど問題の多いもので、上表文についても偽物とする説がかつては強かった。しかし近年はこれを真作とする見方が強まっている状況である。ただそれが定説となったとも言えず、そのためこの上表文については慎重な検討を経る必要がある。そこで次節以下でこの上表文について紹介・検討したうえで、あらためて乱の発生過程について述べることにしたい。

二　『松浦廟宮先祖次第幷本縁起』所載の広嗣上表文

松浦廟宮先祖次第幷本縁起

『松浦廟宮先祖次第幷本縁起』は、広嗣を祀る肥前国松浦郡の鏡宮・神宮知識無怨寺の縁起を記す書で、現行本は藤原鎌足以下の系譜を記す短い「先祖次第」と、主体部をなす「本縁起」（以下、本書で「本縁起」と記すのはこれを指す）を合体させているが、両者は本来別々の成立と考えられる。「本縁起」は、その冒頭に「観世音寺読師能鑒執筆、筑前介南淵深雄・内竪儀上興波等、主公を慕いて伝う」と、執筆者等について記載があるものの、その信憑性は確認できず、その成立時期については、本文にみられる脚色内容や、本書の内容を引用している書物の年代から、一応十世紀末〜十二世紀初頭の間、すなわちおおむね十一世紀には現行本の祖と言えるものが成立していると考えられる（北啓太「『松浦廟宮先祖次第幷本縁起』について」）。「先祖次第」についても、平安末期には原型的なものが「本縁起」とともに存在していた証拠がある。

「本縁起」には祭神である広嗣の伝記と、怨霊化した広嗣の霊を慰めるために鏡宮・神宮知識無怨寺が整備された過程が叙述されており、内容には荒唐無稽な部分が目立つが、その中にあって上表文だけはそのような性格がないものと認められてきた。それでは上表文の全文を以下に引用しよう。原文を掲げ、読み下し文を下に配する形とする。

藤原広嗣上表文

○群書類従『松浦廟宮先祖次第幷本縁起』刊本所載の本文を底本とし（略称「底」）、以下の諸本をもって校訂した。ただし対校の結果はごく限られたものだけを掲げた。

・国立公文書館本『諸社縁起文書』所収『松浦廟宮先祖次第幷本縁起』（略称「社」）

・秀島義剛編『松浦記集成』所収『松浦廟宮先祖次第幷本縁起』（略称「松」）。これには次の諸本を用い、必要に応じて注記した。

刊本（吉村茂三郎編『松浦叢書』第二巻）、佐賀県立図書館本、東京大学史料編纂所本、国立公文書館本

・東京大学史料編纂所本『本朝文集』所収上表文（略称「文」）

○『　』は朱書を示す。

○なお、人物叢書の宮田俊彦『吉備真備』は一部を略した読み下し文を、また辻憲男「藤原広嗣の上表文を読む」「野馬台讖は吉備真備がもたらしたか」は略注を付して校訂文を掲げており、参考にしたところが大きい。

松浦廟宮先祖次第并本縁起
贈太政大臣大中臣鎌子連鎌足依功任
大臣鎌足薨後給食封二千戸尚如生時
即被授藤原姓有一男右大臣藤原不比
等朝臣是也有其四男即立四門也
即藤傅五卷已明白

聞天變怪異種種非一於是少貳以天平
十年勘之頻以上表其詞云臣聞昔者天
子有諍臣七人不失天下諸侯有諍臣五

（国立公文書館蔵『諸社縁起文書』）

人不失其國是故三王御國恐有過而不
聞五帝治世懼忠言之不達或懸旌進善
或置木召謗伏惟陛下乃賢乃聖克文
克武重華放勛何得閒然可謂黄河一澄
幸逢聖運哉但聖人千慮是有一失頃
小人道長君子道消上下道隔民不安堵
加以旻天譴嗟有丁寧群臣上下未聞
極言臣子之道豈若斯哉臣家開闢以来
及至今日爲食累世冠蓋相連恩賞超於

『松浦廟宮先祖次第并本縁起』冒頭（右），上表部分冒頭（左）

広嗣上表文
前文

臣聞、昔者、天子有二諍臣七人一、不レ失二天下一、諸侯有二諍臣五人一、不レ失二其国一。是故、三王御レ国、恐二有レ過而不一レ聞、五帝治レ世、懼二忠言之不一レ達。或懸レ旌進レ善、或置レ木召レ謗。伏惟、陛下乃賢乃聖、克文克武、重華放勛何得二間然一。可レ謂三黄河一澄、幸逢二聖運一哉。但聖人[1]千慮是有二一失一。[2]頃小人道長、君子道消。上下道隔、民不レ安レ堵。加以、昊天詰レ譴、嗟有二丁寧一、群臣上下、未レ聞二極言一。臣子之道、豈若レ斯哉。臣家、開闢以来、及三至今日一、鼎食累レ世、冠蓋相連、恩賞超二於呂霍一、栄寵類二於伊周一。覆載之恩、死而不レ朽。豈如下荊軻感二一

臣聞く、昔者、天子に諍臣七人有れば、天下を失わず、諸侯に諍臣五人有れば、其の国を失わず、と。是の故に、三王国を御むるに、過ち有りて聞かざるを恐れ、五帝世を治むるに、忠言の達らざるを懼る。或いは旌を懸けて善を進め、或いは木を置きて謗を召す。伏して惟みるに、陛下乃ち賢、乃ち聖、克く文、克く武、重華放勛も何ぞ間然することを得ん。黄河一たび澄みて、幸いにも聖運に逢うと謂うべきか。但し聖人も千慮に是れ一失有り。頃、小人の道長じて、君子の道消す。上下、道隔たりて、民、堵に安んぜず。加以、昊天譴を詰ぐること、嗟、丁寧なること有るも、群臣上下、未だ極言するを聞かず。臣子の道、豈に斯くの若くならんや。臣家、開闢より以来、今日に及至るまで、鼎食世を累ね、冠蓋相連なり、恩賞は呂霍に超え、栄寵は伊周に類

旦之恩一、為レ燕報レ讎、張良思二五世之寵一、為レ韓威上レ秦。若レ斯而已、雖レ触二龍鱗一、不二敢不一レ陳。

第一段

臣聞、皇之不レ極、謂二之不䢖〔建〕3一。時則、昊天示レ変丁寧。君上若改レ過修レ徳、転レ禍為レ福。知而不レ改、天則罰レ之。然則、天平五年及二至十一年一、幷六箇歳(ママ)、太白径レ天。案二劉向五記論一曰、太白少陰弱、不レ得二専行一。故以二己〔巳〕・未一為レ界、未レ得二経レ天而行一。経レ天則昼見。其占、為レ兵、為二大〔不〕臣一、為二民主一。強国弱、主〔衍〕弱国強。臣勝レ主。此之攻占可レ畏也。重以二去天平十一年十一月廿七日一、太白昼見、

す。覆載(ふうさい)の恩、死せども朽(く)ちず。豈に荊軻(けいか)一旦(いったん)の恩に感じて、燕(えん)の為に讎(あだ)を報(むく)い、張良(ちょうりょう)五世の寵を思いて、韓(かん)の為に秦(しん)を威(おど)すに如(し)かんや。斯くの若きのみ、龍鱗(りゅうりん)に触るると雖(いえど)も、敢(あ)えて陳(の)べずはあらず。

臣(しん)聞く、皇(きみ)の極(きょく)ならざる、之(こ)れを不建(ふけん)と謂(い)う、と。時に則ち、昊天(こうてん)変を示すこと丁寧(ていねい)なり。君上若(も)し過(あやま)ちを改め徳を修めば、禍(わざわい)を転じて福(さいわい)と為(な)さん。知りて改めざらば、天則ち之れを罰せん。然らば則ち、天平(てんぴょう)五年より十一年に及至(いた)るまで幷(あわ)せて六箇歳(ママ)、太(たい)白(はく)天を径(わた)る。劉向(りゅうきょう)の五記論(ごきろん)を案ずるに曰(い)わく、太白は少陰(しょういん)にして弱く、専(ひと)り行くことを得ず。故に巳(み)・未(ひつじ)を以て界(さかい)となし、未(いま)だ天を経(わた)りて行くことを得ず。天を経れば則ち昼に見(あらわ)る。其の占(せん)、兵たり、不臣たり、民主たり。強国は弱く、弱国は強し。臣、主に勝つ、と。此の攻占畏(おそ)るべきなり。重ねて、去る天

第二段

在二心度一。日正午時見二未申上一。有二芒角一。最可レ畏之。〔禾鬼〕(魏石)[4]在申曰[5]、心為二天王一。海内主故、置二積率一而衛レ己。五星極二此度一而有レ変者、主(王カ)者悪レ之。雖二魏晋末代君臣同床時一、而未レ有下太白少陰在二心上一而昼見上也。天平十一年正月廿九日災可レ畏。大史所レ知、故不二労陳一。二月廿九日夜半、地二震蕭牆之内一者又詳也。大史所レ奏、故不二煩重一。十二年二月、陰獣登レ樹、奪二陽烏之巣一也。以二五行伝一按レ之、恐有下賊人奪二君位一之象上乎。臣愚一矣。

讖記曰、胡法滅国亡。頃将(衍カ)者仏法漸頽。最可レ畏也。何則、結二集正教一之

平十一年十一月廿七日を以て、太白昼に見れ、心の度に在り。日正午の時に未申の上に見る。芒角有り。最も畏るべし。魏の石申曰わく、心は天王たり。海内の主なる故に、積率を置きて己を衛る。五星此の度に極して変有れば、主(王カ)は之れを悪む、と。魏晋末代、君臣同床の時と雖も、未だ太白少陰、心上に在りて昼に見ること有らざるなり。天平十一年正月廿九日の災畏るべし。大史の知る所、故に労陳せず。二月廿九日夜半、蕭牆の内に地震るは又詳らかなり。大史の奏する所、故に煩わしくは重ねず。十二年二月、陰獣樹に登り、陽烏の巣を奪うなり。五行伝を以て之れを按ずるに、恐るらくは賊人君位を奪うの象有らんか。臣が愚かなる一なり。

讖記に曰わく、胡法滅びなば国亡びん、と。このごろ仏法漸く頽る。最も畏るべきなり。何となれば則

日、十地菩薩・四果聖人、咸集二一処一告二誓言一。従二此結集一以後、一言一字不レ得二増減一。然則、増者失レ音、減者迷レ律。伝内律教禁三断著二正五位色一。而今、僧正玄昉、恒著二紫袚（紱カ）袈裟一。一頃違二正法一、令三諸僧尼漸染二邪道一。豈如レ此乎。又諸如来三乗教中、未下曽聞中流二放僧侶一制上。僧尼有レ罪、即苦使耳。而今、玄昉私制二邪律一、流二放僧尼一。内挟二舐糠[6]之心一、外曜二指鹿之威一。仏法之賊、亦何如レ斯。又出家人者、離二出国家一如二（脱アルカ）牢獄一、棄二捨妻児一如レ著二枷鎖一。不レ得下畜二養奴婢・牛馬一、酤レ酒屠レ肉、耕作商買（賈カ）上。而今、玄昉畜二養奴婢一、興二作舎宅一、聚二積財

ち、正教を結集するの日、十地の菩薩・四果の聖人、咸く一処に集まり誓言を告ぐ。此の結集より以後、一言一字も増減することを得ず。然れば則ち、増す者は音を失い、減ずる者は律に迷う。伝内の律教は正五位の色を著するを禁断す。而るに今、僧正玄昉、恒に紫袚（紱カ）の袈裟を著す。一頃正法に違い、諸の僧尼をして漸く邪道に染ましむ。豈に此くの如くならんや。又、諸の如来三乗教の中、未だ曽て僧侶を流放するの制を聞かず。僧尼罪有らば、即ち苦使するのみ。而るに今、玄昉私かに邪律を制して、僧尼を流放す。内に舐糠の心を挟み、外に指鹿の威を曜かす。仏法の賊、亦何ぞ斯くの如くならんや。又、出家人は、国家を離れ出づること（脱アルカ）牢獄の如く、妻児を棄捨すること枷鎖を著くるが如し。奴婢・牛馬を畜養し、酒を酤り、肉を屠り、耕作商買（賈カ）

宝一、醸レ酒屠レ宍、作農商侶、一同二白衣一。法滅之漸弥扇、外道之跡頓起者、一何悲哉。又出家人者、一切衆生大導師。故堅制二威儀一、以導二三有一。又僧正者仏法綱紀、法興廃縁二此一僧一。然此僧無二頭陀・安居、種々威儀一、而香華飾レ身愛二著女色一、宛如二白衣無戒有情一。又十地菩薩非三宍眼之所二能見一。坐禅静慮処非二婬欲所縁之境一。然詐三説現身値二遇十地菩薩一、矯三言身証二坐禅道一。昔聞、大夫汚二穢正教一。今見、玄昉欲レ絶二法綱一也。遂今令二金身丈六仏眼流一レ涙、矯二下賤女子一偽称二弥勒一。豈非二法滅之相一哉。臣愚二矣。

することを得ず。而るに今、玄昉奴婢を畜養し、舎宅を興作し、財宝を聚積し、酒を醸し、宍を屠り、作農商侶たること、一に白衣に同じ。法滅の漸弥よ扇ぎ、外道の跡頓に起こるは、一に何ぞ悲しきや。又、出家人は一切衆生の大導師なり。故に堅く威儀を制し、以て三有を導く。又、僧正は仏法の綱紀にして、法の興廃、此の一僧に縁る。然るに此の僧、頭陀・安居、種々の威儀無くして、香華もて身を飾り女色を愛著すること、宛も白衣無戒の有情の如し。又、十地の菩薩は宍眼の能く見ゆる所に非ず。坐禅静慮の処は婬欲所縁の境に非ず。然るに現身に十地の菩薩に値遇すと詐説し、身は坐禅道を証せりと矯言す。昔聞く、大夫正教を汚穢せり、と。今見る、玄昉法綱を絶たんと欲す。遂に今、金身丈六の仏眼をして涙を流さしめ、下賤の女子を矯り偽りて

第三段

金光明最勝王経説曰、由㆓諸天護持㆒、亦得㆑名㆓天子㆒。三十三天主、分㆑力助㆓人王㆒。若王作㆓非法㆒、親㆓近〔於脱〕悪人㆒、三十三天衆、咸生㆓忿怒心㆒。天主不㆓護念㆒、餘天咸棄捨〔捨棄カ〕。国所㆑重大臣、朽〔枉カ〕横而身死。悪鬼来入㆑国、疾疫遍流行。若有㆓諂〔誑カ〕狂人㆒、当㆑失㆓於国位㆒。由㆑斯損㆓王政㆒、如㆔象入㆓花園㆒。然則、頃歳、賢臣良将、零落殆尽。百姓死散、里社為㆑墟。疾疫流行、時無㆓虚歳㆒。嗟乎、興廃之機、係㆓此一時㆒。可㆑不㆑勉哉。臣愚三矣。

第四段

我聖朝之為㆑国也、光㆓宅日本㆒、臨㆓長

弥勒と称す。豈に法滅の相に非ざらんや。臣が愚かなる二なり。

金光明最勝王経に説きて曰わく、諸天護持するに由り、亦天子と名づくるを得。三十三天の主、力を分ちて人王を助く。若し王、非法を作して、悪人に親近せば、三十三天の衆、咸く忿怒の心を生ず。天主護念せず、餘天咸く棄捨〔捨棄カ〕す。国に重んずる所の大臣、朽〔枉カ〕横に身死す。悪鬼来たりて国に入り、疾疫遍く流行す。若し諂狂〔誑カ〕の人有らば、当に国位を失うべし。斯れに由り王政を損ずること、象の花園に入るが如し、と。然らば則ち、頃歳、賢臣良将零落して殆ど尽く。百姓死散して、里社は墟と為る。疾疫流行し、時に虚歳無し。嗟乎、興廃の機、此の一時に係る。勉めざるべけんや。臣が愚かなる三なり。

我が聖朝の国たるや、日本に光宅し、長安に臨みて

安二而並レ明、包二括万邦一、対二唐王一以争レ雄。但唐王恒云、天無二両日一、地無二二主一。無二大唐一則日本、無二日本一則大唐、豈有二東帝・西帝一者乎。遂挟二姦心一、窺二我上国一者、歳已長也。[8]蕞爾新羅虎狼爾、心含二会稽之恥一、畜二勾践之怨一、祈二禱群望一、搆二禍国家一者、日亦久乎。北狄蝦夷、西戎隼俗、狼性易レ乱、野心難レ馴。往古已来、中国有レ聖則後服、朝堂有レ変則先叛。其為レ俗也、子報二父敵一、孫酬二祖怨一。但以レ畏二陛下之威武一、服二聖朝之文教一、匿二爪牙於毛中一、戢二羽翼於鱗下一。縦令朝堂有二旰食之急一、辺城有二烽火之驚一、豈有下忍二父祖之宿

明を並べ、万邦を包括し、唐王に対し以て雄を争う。但し唐王恒に云わく、天に両日無く、地に二主無し、と。大唐無ければ則ち日本、日本無ければ則ち大唐、豈に東帝・西帝有らんや。遂に姦心を挟み、我が上国を窺うこと、歳已に長し。蕞爾たる新羅は虎狼爾として、心に会稽の恥を含み、勾践の怨みを蓄えて、群望に祈禱し、禍を国家に搆うること、日亦久し。北狄の蝦夷、西戎の隼俗、狼性乱れ易く、野心馴れ難し。往古より已来、中国に聖有れば則ち後に服い、朝堂に変有れば則ち先に叛く。其の俗たるや、子は父の敵に報い、孫は祖の怨みを酬ゆ。但し陛下の威武を畏るるを以て、聖朝の文教に服い、爪牙を毛中に匿し、羽翼を鱗下に戢む。縦令朝堂に旰食の急有り、辺城に烽火の驚有りとも、豈に父祖の宿怨を忍び、子孫の甘心を忘るること有らんや。

怨一忘中子孫之甘心上哉。頃者、賢臣已没、良将多亡、百姓零落、里社為レ墟、四隣具聞、八表共識。当今、練二習五兵一、振二威四海一、先諍後実、災変或視、能崇レ賢選レ士、撫二慰万邦一、割二却庸租一、簡二易庶務一、復二八柱之已傾一、張二四維之将レ絶。然則、遠粛近安、民豊国富、太平之基、華戎共欣、康哉之歌、朝野同レ音。豈可下偃レ武棄レ備、将士解体、修二徐偃之仁義一、従中蹈楚之詐謀上乎。兵法曰、天下雖レ安、忘レ戦必危。勿レ恃二彼之不一レ来、恃三我有二備而待一也。然則、解二却兵士一、出二売牧馬一、抑二止射田一。若レ斯事條、未レ見二其可一。臣愚四矣。

頃者、賢臣已に没し、良将多く亡せ、百姓零落して、里社墟と為ること、四隣具さに聞き、八表共に識れり。当今、五兵を練習して、威を四海に振い、先ず諍いて後に実とし、災変或いは視、能く賢を崇び士を選びて、万邦を撫慰し、庸租を割却して、庶務を簡易にし、八柱の已に傾けるを復し、四維の将に絶えんとするを張らん。然らば則ち、遠きは粛み近きは安んじ、民豊かにして国富み、太平の基、華戎共に欣び、康哉の歌、朝野音を同じくせん。豈に武を偃せ備えを棄てて、将士解体し、徐偃の仁義を修めて、蹈楚の詐謀に従うべけんや。兵法に曰く、天下安しと雖も、戦いを忘るれば必ず危うし。彼の来たらざるを恃む勿れ、我が備えて待つこと有るを恃むなり、と。然るに則ち、兵士を解却し、牧馬を出し売り、射田を抑止す。斯くの若きの事條、未だ其の可なるを見ず。臣が愚かなる四なり。

第五段

又僧正玄昉、掌中有二通天之理一、直達二中指一。伝聞、大唐相師曰、当レ作二天子一也。窃負二此言一、独窺二宝位一。熒二惑陛下一、欺二詐后宮一。讒二絶藩屏之族一、令三朝庭無二維城之固一、放二逐棟梁之家一、令三左右絶二忠良之臣一。屢出二酷政一、令三天下積二怨於陛下一、挙二動大役一、令三万民疲二弊於興作一。偃レ武棄レ備、令二国家忘一レ戦、愛二養死士一、不レ嗇二万金之資貨一。所有行事、一同二文種滅レ呉九術一。又従五位上守右衛士督[9]兼中宮亮近江守下道朝臣真吉備、辺鄙傅子、斗筲小人。遊二学海外一、尤習二[10]長短一。有レ智有レ勇、有レ[11]辯有レ権。口

又、僧正玄昉、掌中に通天の理有りて、直ちに中指に達す。伝え聞く、大唐の相師曰わく、当に天子と作るべきなり、と。窃かに此の言を負み、独り宝位を窺う。陛下を熒惑し、后宮を欺詐す。蕃屏の族を讒絶し、朝庭をして維城の固め無からしめ、棟梁の家を放逐し、左右をして忠良の臣を絶たしむ。屢ば酷政を出し、天下をして怨みを陛下に積ましめ、大役を挙動し、万民をして興作に疲弊せしむ。武を偃せ備えを棄て、国家をして戦いを忘れしめ、死士を愛養し、万金の資貨を嗇まず。所有行事、一に文種の呉を滅ぼす九術に同じ。又、従五位上守右衛士督兼中宮亮近江守下道朝臣真吉備は、辺鄙の傅子にして、斗筲の小人なり。海外に遊学して、尤も長短を習う。智有り、勇有り、辯有り、権有り。口に山甫

論二山甫之遺風一、意慕二趙高之権謀一。所謂有為姦雄之客、利口覆国之人也。亦作二玄昉左翼一、而蔽二陛下明徳一。臣熟視二二盗一、契為二比目一。雖三陛下撫育之恩超二同位一、而進退周旋猶如二餓虎一。先知、二盗必有二大求一乎。若不二早除一、恐貽二噬臍之憂一也。大公曰、涓水不レ塞将レ成二江河一、両葉弗レ去将レ用二斧柯一。夫視二日月之光一不レ為二明目一、聴二雷霆之動一非レ為二聡耳一。所謂上智者、居二高堂之上一、知二日月之次序一、見二瓶水之中一、知二天下之寒暑一。臣請、賜二尚方剣一、芟二夷二盗一、省二薄苛政一。以扶二傾運一、天下幸甚幸甚。誅二無忌一而謝二呉王一、楚子故事、戮二

の遺風を論い、意に趙高の権謀を慕う。所謂有為姦雄の客、利口覆国の人なり。亦玄昉が左翼と作りて陛下の明徳を蔽す。臣、熟ら二盗を視るに、契りて比目と為る。陛下撫育の恩、同位に超ゆと雖も、進退周旋、猶餓虎の如し。先に知る、二盗必ず大きに求むることあらんか。若し早く除かざれば、恐るらくは噬臍の憂いを貽さん。大公曰わく、涓水塞がざれば将に江河と成らん、両葉去らざれば将に斧柯を用いん、と。夫れ、日月の光を視るは明目と為さず、雷霆の動きを聴くは聡耳と為すに非ず。所謂上智は、高堂の上に居りて、日月の次序を知り、瓶水の中を見て、天下の寒暑を知る。臣請う、尚方剣を賜り、二盗を芟夷して、苛政を省薄せん。以て傾運を扶けば、天下幸甚幸甚。無忌を誅して呉王に謝すは楚子の故事、晁錯を戮して七国を賜うは漢帝の上策なり。臣

晁錯㆒而賜㆓七国㆒、漢帝上策。臣愚五矣。

臣聞、鵶鴟山鳥猶惜レ毀レ巣。況乎我国家宗廟社稷、与㆓日月㆒競㆓其照臨㆒、与㆓天壌㆒斉㆓其終始㆒。然為㆓玄昉姦賊・吉備凶豎所レ謀者、豈不レ哀哉。忠臣義士、以㆓何面目㆒戴レ天蹈レ地乎。廷㆓屈〔辱〕[12]師傅㆒、朱雲高志、折檻非レ罪、[13]漢成聖徳。幸照㆓盆下㆒、納㆓臣愚忠㆒、所謂負薪之言、蒭蕘之事、聖人猶択、天下幸甚。

が愚かなる五なり。

臣聞く、鵶鴟山鳥も猶巣を毀つを惜しむ、と。況んや我が国家の宗廟社稷、日月と其の照臨を競い、天壌と其の終始を斉しくす。然るに玄昉姦賊・吉備凶豎の謀る所と為るは、豈に哀しからずや。忠臣義士、何の面目を以て天を戴き地を蹈むか。師傅を廷辱するは朱雲の高志、折檻罪に非ざるは漢成の聖徳なり。幸いに盆下を照らし、臣が愚忠を納めて、所謂負薪の言、蒭蕘の事、聖人猶択ばば、天下の幸甚なり。

1聖人…松「智者」。　**2**小…底「少」。社・松により改む。　**3**韙（底、社）…松・文「違」。ここは『洪範五行伝』の引用で、同書では「建」。「建」と「違」の崩し字はよく似ており、もと「建」であったものと考えるが、現存写本上、「建」はないので、原文では校註での指摘に止める。
4穂…松「穂」。下の引用文の半ばが京都学・歴彩館蔵『若杉家文書　石氏簿讃』（『三家簿讃』）

にみえ、以下三文字は「魏石申」と考える。石申は戦国時代・魏の天文家。5日…底「日」。社・松・文により改む。6糠…底・社・文「糖」。松により改む。7王…底・社原文「主」。松・文・社朱訂により改む。8蕞…底・文「最」。社・松（写本）・底傍書により改む。9士…松・文「門」。10長…底「表」。社・松・文により改む。11辯…底「辨」。社・松（刊本・国立公文書館本）・文により改む。12屈…松刊本「尉屈」。松写本「慰屈」。社「『尉』屈」、頭書『尉字疑衍』。文「崛」、傍書『当作屈』。また『尉』を上に挿入するも『疑衍』。意味上から「辱」の誤写と考える。13成…底・松・文「文」。社・文傍朱按により改む。

右のように上表文は前文に続き、五段に分けて主張を述べ、最後に短い結文を置いている。文章の特徴として、中国の古典を引用し、さらに故事や古典に基づいた表現を多用すること、対句（ついく）を多く用いることなどがあげられる。これは古代における各種の作文では普通のことである。修飾過多と言われることもあるが、いま残っている奈良時代の詔勅や上表・上奏文、また対策（たいさく）文などと比べると、使っている語はそれらより平易だと感じられる。ただ、それは文がうまいということではない。内容の詳細はのちにみるが、その前にまず真偽の問題に触れておかなければならない。

三　上表文の真偽

大日本史が載せる

上表文偽作説の登場

もともとこの上表文はほとんど世に知られていなかったと思われるが、これを積極的に採用したのが水戸藩編纂にかかる『大日本史（だいにほんし）』で、元禄（げんろく）時代に『松浦廟宮先祖次第并本縁起』を見出し、そこから『大日本史』の広嗣伝に上表文を校訂して載せたのである。しかし明治になって偽作説が出され、昭和四十年代には坂本太郎氏がそれをさらに補強した（「藤原広嗣の乱とその史料」）。ただし氏は、全体としては後世の偽作だが、書かれている内容には信用できることもあるとし、最も好意的に考えれば、真の上表文の下書きの一部とか、その材料の断片などが現地に残っていて、それを利用したのでもあろうか、としている。一方、ことごとくとは言えないが、大体において信用できる、とする説も存在していた（宮田俊彦『吉備真備』）。ただ広嗣の乱についての叙述でこの上表文に触れられることは少なく、学界の主流は偽作説だったと言ってよいだろう。しかし二十世紀の終わり近くに、上表文第一段に載せる太白（たいはく）（金星）運行の記事が実際に起こった事実を示していることが指摘され、風向きが変わってきた。

新たな真作説の登場

当初、偽作説が出された時、その第一の根拠は上表文に載っている災異がことごとく『続日本紀』に合わないことだった。ところが、上表文の天文記事の信憑性を古天文学の立場から指摘したのが斉藤国治氏である（古天文学とは、計算で明らかにされる古い時代の天体運行と史料に残されている天文記録を比較照合する学問。斉藤氏による命名）。具体的には、上表文第一段にある「去る天平十一年十一月廿七日を以て、太白昼に見れ、心の度に在り。日正午の時に未申の上に見る。芒角有り」という記事で、これは金星が昼にみえ、それは心（星座の二十八宿の一。さそり座中央部）の位置にあって、正午の時に未申（南西）の空にみえた。芒角（光の輝く穂先）があるほど輝いていた、という意味である。これについて斉藤氏は、この時の金星は心大星（アンタレス）の北東一〇度にあって、位置は合致し、またその正午の方位は南から西へ五一度であり、未申とも合う。光度も最大光輝に近かったから、「芒角有り」も適切であり、「立派な天文記録である」（同氏『国史国文に現れる星の記録の検証』）、「信憑性のすこぶる高い史料に基づいて書かれている」（同氏『古天文学の道』）と述べた。このように上表文の太白記事が正確であることが明らかにされ、しかもそれが『続日本紀』にないことは、逆に上表文の信憑性を高めることになったのである。歴史学の細井浩志氏はその前にみえる太白経天（天を横切ること）も含めてこのことを論じ、坂本氏の述べる、字句の重複や修飾過多といった作文上の特徴、内容の至らなさ、玄昉への過大な非難等も、偽作とする根拠にはならないことを指摘した（「「藤原広嗣上表文」の真偽について」）。

真偽に関する論点は色々あるが、今日では、細井氏の論によって、これまでの偽作説の根拠はほとんど否定されていると言ってよいと思われる。ただ、この細井説を支持する言及もあるが、上表文の利用はまだかなり部分的なものに留まっており、学界はなお慎重のようである。以下、私なりに考えを述べてみたい。

本縁起における上表文の位置づけ

まず、上表文を疑う根底には、これを載せる「本縁起」があまりに問題が多く、書かれている内容に信頼がおけないということがあると思われる。そこで、同書における上表文の位置づけをみよう。上表文掲載の前後をみると、広嗣の優秀さや功績の叙述があり、次いで称徳天皇が道鏡を寵愛して帝位も惜しみ難く、それに対して広嗣が上表したとして（天平十年とされている）、上表文が掲載されている。その次には、この上表があったにもかかわらず、帝は玄昉（ママ）に譲位するとして、和気清麻呂を宇佐に派遣した話を載せ、これは後世の神護寺建立までの話を語っている。そしてその次に、玄昉が広嗣の妻に横恋慕し、これに広嗣が怒ったことから人々の恐怖心を招き、ついに広嗣の

縁起関係者以外による作成

征討に至ったとする（詳細は第七参照）。

これだけでも、「本縁起」がかなり問題のあるものとわかるが、ともかく「本縁起」においては、上表は乱の直接のきっかけになっておらず、称徳天皇の道鏡寵愛の話が広嗣関連の話題として盛り込まれた中で、上表は道鏡寵愛に意見したものとの位置づけになっているのである。しかしその上表文には道鏡はみえず、玄昉だけが繰り返し登場する。道鏡と玄昉が混同されているとみても、内容的に称徳天皇の寵愛に対して意見したものとは読みにくい。中でも第五段の「陛下を熒惑し、后宮を欺詐す」というのは男帝とその后宮を対照的に並べた対句表現としてとらえられる。つまりこの上表文は「本縁起」の設定した位置づけに合致しないと考えられる。ならば現在の「本縁起」にみられる説話の生成や「本縁起」編纂の段階においてこの上表文が関係者によって作られたということはない。どこかから見出された上表文をここに付けたのである。したがってこの上表文は「本縁起」の性格と一応切り離してこれを扱うことができる。ちなみに「本縁起」における乱の叙述には明らかに『続日本紀』に由来する部分が認められるが、若干の差異もあって、編者は直接『続日本紀』を読んでおらず、二次的・三次的な資料に拠っていると思われる。

真偽判定の材料

次に、内容上から上表文の真偽検討にとって有力な材料になるのは、その当時の制度や状況に合うかどうか、利用している資料が当時として適当かどうか、不自然な後世的な文になっていないか、などが考えられる。

当時の制度や状況に合うか

当時の制度や状況に合うかどうかについては、前述したとおり、記されている天文現象が上表文の信憑性を高めることになった。そのほか、第四段に書かれている兵士解却、牧馬出売、射田抑止といった政策は実際に当時行われたもので（牧馬の出売とは、国の堺を越えて売ることを許すこと）、しかもそのうち射田（兵士の射芸向上のための資として設置された田）の抑止は『続日本紀』に書かれていないものであり、後世に容易に知られることではなかったと思われる。

その他、上表文には玄昉について、第二段に僧侶としてあるまじき色々な振舞が書かれており、そのほとんどは実際にそうであったかどうか確認できないが、さりとて当時実際にはなかったとは言い切れないものであり、もともと誇張もあるだろう。

また第五段にも玄昉の行為についての批判があり、「宝位を窺」い、「陛下を熒惑し、后宮を欺詐」し、「蕃屛の族を讒絶し、朝庭をして維城の固め無からしめ」（讒言によって天皇の親族による守りをなくす）、「棟梁の家を放逐し…忠良の臣を絶たし」めること

（国を支える臣家を放逐）、また「酷政を出し…怨みを陛下に積ましめ、大役を挙動し、万民をして興作に疲弊せし」め、「武を偃せ備えを棄て、国家をして戦いを忘れしめ」、一方自らは「死士（決死の士）を愛養」していることなどが書かれている。これらには当時そのような事実があったかどうか疑問符がつき、むしろ道鏡が権勢を誇った称徳女帝時代ならば腑に落ちるようなこともある。しかし「后宮を欺詐」というのは称徳時代の道鏡に当てはまらず、そのころ軍備を縮小したということもない。ここの記述はいずれも抽象的で、些細な事実から誇大に表現している可能性も十分にあるだろう。

利用されている資料

また、上表文は中国古典を引用し、中国の故事や古典に基づいた表現を多用している。たとえば冒頭に「臣聞く」として述べる「昔者、天子に諍臣七人有れば、天下を失わず、諸侯に諍臣五人有れば、其の国を失わず」は、書名が書かれていないが、『孝経』諫諍章からの引用である。当時は中国の書籍が盛んに輸入されていたが、それらが普及していたかというと、神護景雲三年（七六九）まで大宰府に三史（『史記』『漢書』『後漢書』）がなかったという例（『続日本紀』同年十月甲辰条）からみても、広嗣に中国古典を縦横に駆使したような文章が大宰府で書けたのかという疑問も湧かないでもない。しかし今日では、当時の古典利用においては必ずしも常に原典に当たっていたわけではなく、事項別に分類して文章を集めた類書が利用されたことが広く認められており、さらには短い成句集のような実用書も利用されたとみられる（東野治之「『続日本紀』所載の漢文作品」）。また広嗣の父宇合は遣唐副使として入唐し、漢詩文の才も一流だった。そのような父の下で育った広嗣は漢文を学ぶのに恵まれた環境にあったと思われる。以上のような背景を考慮したうえで、使われている表現の原典を探り、あるいはすでに完成している『日本書紀』、その他当時の漢文（『続日本紀』所載の詔勅等や『経国集』所収の対策文など）と比較してみたが、上表文における漢籍の利用に当時として不自然な要素を見出すことはできなかった。

たとえば、第一段に劉向の『五記論』という書が引用されている。劉向は前漢の人で、坂本説ではこの書の伝来が疑問であることが偽作説の一根拠になっているが、これは実は『晋書』天文志からの引用であることが指摘されている（辻憲男「藤原広嗣の上表文を読む」、山下克明「細井浩志著『古代の天文異変と史書』」）。同書に「劉向の五紀論を案ずるに曰わく」として引かれているのである。おそらく『晋書』そのものからではなく、天文関係の類書に載せる『晋書』から引いたのであろう。

なお疑問の点をあげると、第二段の冒頭に引用されている「讖記」の文「胡法滅びなば国亡びん」（原文「胡法滅国亡」）という句が気にかかる。讖記とは予言を記した書をいうが、これに似た句が鎌倉時代成立の『延暦寺護国縁起』という書にみられ、同書では中国・梁の宝志和尚の作とされる予言書「野馬台讖」を引き、ついで「延暦九年注」を引いたのち、「胡法滅びなば仏法倭を守らん」（「胡法滅仏法守レ倭」）、「胡法滅びなば国随うなり」（「胡法滅者国随也」）、「仏法滅びなば国邑亡びん」（「仏法滅国邑亡」）という、類似した句を記している。完全には一致しないが、上表文の句と似た論理構造がうかがえる（胡法とは西域やインドにおける〈仏教の〉習俗・教えを指すが、仏法そのものを指すこともあると考えられる。上表文の「胡法」は後者であろう）。これらの句の引用関係はよくわからないが、「延暦九年注に云わく」として引かれた文の後に、「又云わく」として引かれており、「延暦九年注」の中の文であった可能性が高い。とすれば、これは天平十二年よりも後になるので、注意しなければならない（延暦九年〈七九〇〉）。しかし短い句であり、注釈書は先行の注をなぞる場合も多いことや、このような予言書は中国に多くあったらしいことから、上表文に引く句の成立を延暦九年以前にさかのぼらせることは十分可能である。これを「野馬台讖」の逸文とみる見解もある（辻憲男「野馬台讖は吉備真備がもたらしたか」）。

後世の偽作以外の可能性

その他、後世的な文になっているかという問題についても明確な例はみつからない。

以上、後世の偽作とする強い証拠は見出しえない。ただしそういった徴証がなくとも、広嗣に近い時代ならば、縁故者が広嗣の志（こころざし）を伝えたいために作った、という可能性がありえる。この可能性は軽視すべきではないと思うが、それならば目的から考えてほかにその痕跡が残されていてもよいと思われるのに、「本縁起」に誤った使い方で載っているにすぎないので、やはりこれを重くみることはできない。ただ仮にそうであったとしても、それは広嗣の主張をうかがう材料としての価値はあるだろう。しかしそもそも広嗣に近い時代を考えるのならば、広嗣自身の作が残っていてもおかしくないのである。これほど長大で危険な文章を書くということの重大性を考えると、広嗣に近い時代に限定するならば、むしろ広嗣自身の作である方がふさわしいだろう。

なお真偽を判断する材料としてもう一つ、内容的に『続日本紀』の上表記事と合致するかということがあり、真作ならばそれが合致することが必要条件である。結論的にはよく合致すると言えるのだが、それについては内容を検討する次節で説明したい。

真作の可能性が高い

世に偽文書・偽書は多い。疑いはあるが内容には信用できることもある、という結論にしておけば無難かもしれないが、疑わしい所を具体的に指摘できなければ曖昧さはぬぐえない。本書ではここまで（一部次節）の検討をふまえ、この上表文は真作の可能性が高いと考え、ここから広嗣の主張を把握する立場をとりたい。

草稿の類

ただこれが真作であったとしても、広嗣が上表した文そのものではなく、草稿の類だろうと思う。この上表文は朝廷に保管されていた写しを鏡宮に奉納したものという見方もあるが、むしろ「本縁起」の編者が手にすることのできたものとしては、地元に残された控えか草稿に由来するものの方が可能性が高いだろう。江戸時代の国学者伴信友は、「其案ヲ持伝ヘタルモノ、アリテ後ニ広嗣ノ廟ニ納メタリシヲ書写テノセタルモノナルベシ」と、この縁起の写本に書き入れているが（阪本龍門文庫所蔵写本）、おそらく信友は地元に残された案文に由来すると考えているのだろう。

形式面で不足

内容的に草稿であることを示すと思われるのが、第一に形式面にわずかだが不十分な所があることである。上表の形式は公式令に定められていないが、平安時代の上表文をみると、書出しに「臣某言」等とし、末尾に年月日官位姓名を書いており、『令集解』の注釈でもそのように書くとされていて、この形式が広く行われていた。広嗣の時代の文例は少ないが、『続日本紀』天平八年十一月丙戌条に載せる、葛城王等の臣籍降下を願う上表では、冒頭に「臣葛城等言」とあり、また年月日や官位姓名は必須だろうから、このような形式は早くから一般的だったと思われる。したがってこの上表文も冒頭に「臣広嗣言」などの語があってしかるべきだが、それはない。また文末に年月日官位姓名は記されていない。さらに上表では本文の最後に「奉レ表以聞」など、つつしんで申し上げるという意味の結句を書くのが八世紀の中ごろから確認でき、何らかの丁寧な結句が記されていてもよい。しかしこの上表文は「聖人猶採択、天下幸甚」と、あっさり終わっている。

このようにこの上表文は冒頭と末尾にあるべき文言が欠けているとみられる。これらは偽作の故ということではなく、形式的な文言なので作成の最後に機械的に入れるものとして、草稿段階ではまだ書かれていなかったのだろう。伝写の過程で省かれたとも考えられるが、草稿である可能性の方を高くみたい。

重複の多さ

内容的に草稿とみる第二の理由は、同一句の重複が多いことである。第一・二段には「可レ畏」を含む句が四回も使われ、第二段には「而今僧正玄昉」「而今玄昉」「而今玄昉」と、同様な書き出しを続け、「又出家人者」という書き出しも二回ある。第三段に「頃歳、賢臣良将、零落殆尽、百姓四散、里社為レ墟」、第四段に「頃者、賢臣已没、良将多亡、百姓零落、里社為レ墟」とあり、若干の工夫はみられるものの、類似文を書いている。また「偃レ武棄レ備」という句は第四段と五段にある。第五段の終わり近くで「天下幸甚幸甚」といい、そのすぐ後の結文では「天下幸甚」で文を締めくくっている。

坂本氏はこういった重複の多いことをもって上表文としては違格で、真作として不適当な根拠とし、細井氏は広嗣が文人であったとの証拠はなく、正格の名文にならなくともいたし方ないとし、書写段階の問題の可能性も指摘するが、これらの重複の存在は、この上表文がまだ完成していない草稿であった点に帰するのがよいと思われる。

草稿と言っても、まだ大きく手を入れるつもりの段階から、清書前のほとんど完成しているものまで色々ありうるが、右にみたとおり、これはまだ手を入れる余地のある原稿であったろう。ただし、全体としてかなりの分量があるものの、それなりにまとまっていることや、後世まで伝わったことから、実際に提出された上表文と大きく変わるものではなく、広嗣上表の内容をここから読み取ってよいと考える。

四　広嗣の主張と乱の発生過程

上表文の内容

あらためて上表文の内容をみていこう。

前文

前文では、臣下の諫言の重要性をまず述べ、このごろ「小人の道」が長じ、「君子の道」が消えており（『易経』による言い回し）、世に不安があり、天譴があるので、逆鱗に触れようともあえて意見を述べたい、とする。

第一段　災異思想から現状の危険を警告

本論の第一段は、災異思想に基づき、太白の異常運行その他の天変地異をあげて、現状の危険を警告している。その冒頭「皇の極ならざる、之れを不建と謂う」は『書経』洪範篇に基づく書『洪範五行伝』の文である。『書経』には天が禹に与えた九疇（九つの大法）の中に「皇極を建て用う」があり、「皇の極ならざる（不極）」とは君主が中正でないことを言う。これを引いて、「君上」が過ちを改め徳を修めれば禍を福に転じられるが、改めなければ天が罰すると述べ、次々と近年の天変地異の例を掲げる。これは天皇に対する痛烈な批判である。災異思想は漢代に確立し日本にも受容されており、前章で触れたように聖武天皇が疫病の惨禍に対して自らの「不徳」を反省し、大倭国を大養徳国に改称したのもこの思想に基づくものである。その後まもなく大養徳守に任じられた広嗣がこのような批判を行うとは、衝撃的なことではなかろうか。

第二段　玄昉を非難

第二段は胡法（仏法）が滅びると国が亡ぶという「讖記」の引用に始まり、玄昉の僧正・仏教者としてのあるまじき振舞をこれでもかというほどに列挙して激しく批判し、「法滅」へ進むことを警告している。

第三段

第三段では『金光明最勝王経』を引き、近年における貴族層の危機や社会の荒廃

金光明最勝王経による指摘

を指摘しているが、「疾疫流行し、時に虚歳無し（平穏な年がない）」とあり、経文の引用中にも「疾疫遍く流行」とあるように、これはさきの疫病大流行による惨禍のことを言っているのである。経文の「若し王、非法を作して、悪人に親近せば」、「若し謟〔諂カ〕狂の人有らば、当に国位を失うべし」などを引くのは（このあたり、『金光明最勝王経』とは句の順序が違う所があるが、引用中での論理は通っている）、聖武天皇が玄昉・真備を重用することを非難する意味となる。そのような重用が現在の状態を生じさせていると言いたいのである。『金光明最勝王経』は『金光明経』の新訳で、護国経典として知られ、聖武朝で普及が図られて、かの国分寺も正式名を「金光明四天王護国之寺」というように、聖武天皇が重んじた経典だった。第一段の災異思想といい、この『金光明最勝王経』といい、聖武天皇が拠り所とした政治思想そのものに基づいて天皇を批判しているのである。

第四段軍備緩和を批判

　第四段では唐・新羅・蝦夷・隼人の危険性を述べ、国威を高めるべきなのに、軍備を緩めているのは不適当であると主張している。当時の軍備緩和策は疫病で疲弊した社会を立ち直らせるための施策だったが、ここではそういった社会状況を無視しているわけではなく、貴族層の危機と社会の荒廃が周辺諸国に知られている（「四隣具さに聞き、八表〈全世界のこと〉共に識れり」）からこそ軍備を怠ってはならない、という問題意識がある。

第五段　玄昉と真備を討つこと

本論の最後となる第五段では、玄昉が密かに皇位をうかがっており、皇室を弱体化させ、国家の乗っ取りを企んでいると言う。そしてここで初めて下道真備が登場するが、玄昉の仲間であり、有能だが警戒すべき人物である、という程度の付属的位置づけであると言ってよいだろう。そしてこの二人を早く除くべきであるとし、「尚方剣」を賜って玄昉と真備を「芟夷」（草を刈り除く。転じて賊などをうち平らげる）し、「苛政を省薄」（過酷な政治をやわらげる）したい、つまり広嗣自身がこの二人を討ちたい、と要求している。尚方とは、中国における天子の御物を製作・保管する官署で、尚方剣はそこの鋭利な名剣であり、尚方斬馬剣とも言うが、この部分は漢代の故事に基づいた言い方である。すなわち、漢の成帝の時、朱雲という人物が居並ぶ公卿たちの前で皇帝に対し、尚方斬馬剣を賜って佞臣一人を切りたいと言い、その佞臣の名を問うた帝に対し、帝の師で当時はなはだ尊重されていた張禹の名をあげたという、『漢書』にみえる故事をふまえて、玄昉・真備を討ちたいと表現したものである。

結文

最後は自らの「愚忠」を納めて採択されれば幸甚であるとして上表文が結ばれるが、以上みたように、この上表は長文にわたって現状に対する警告・批判を種々繰り広げ、最後に具体的要求として、玄昉と真備を自ら討つことを述べたものである。

ここであらためて『続日本紀』に記された上表文の要約を振りかえってみよう。

大宰少弐従五位下藤原朝臣広嗣、表を上りて時政の得失を指し、天地の災異を陳ぶ。因て僧正玄昉法師・右衛士督従五位上下道朝臣真備を除くを以て言とす。

続日本紀記事の見直し

この文の後半「因て」以下については、普通朝廷が二人を排除（追放）することを要求したと解されてきた（私自身もそのように書いたことがある）。しかし考えてみれば、この文の「除く」の主語は広嗣とするのがごく自然な読み方であって、これは広嗣自身がこの二人を除くことを言い立てたと解釈するのが適当である。したがって、前半の「陳ぶ」までとあわせて、『続日本紀』の記載と残されている上表文とは、まことによく一致すると言ってよい。もっとも広嗣としては朝廷自身が二人を排除することを暗に期待しているのだろうが、それはまったく言外のことである。なお吉備真備の薨伝に、広嗣が「即ち兵を起こして反す。玄昉及び真備を討つことを以て名とす」（『続日本紀』宝亀六年〈七七五〉十月壬戌条）とあるのも、広嗣が自分で二人を討つことを挙兵の名目としたということであり、右にみた上表文の結論に合致している。

聖武天皇への激しい批判

このように広嗣の最終的要求は玄昉と真備を自ら除くことだが、全体の基調から明らかなように、聖武天皇に対する厳しい批判がそこにはある。従来の研究では広嗣の批判対象として、玄昉・真備以外には、橘諸兄、聖武天皇のほか、光明皇后をあげる見方もあるが、上表文をみるかぎり、広嗣の批判は権力の頂点にいる聖武天皇その人に向けられていると言ってよい。ちなみに「本縁起」の上表文を仮に偽作としても、『続日本紀』の上表記事「時政の得失を指し」と「天地の災異を陳ぶ」から、天皇批判の存在をうかがうことは十分可能だろう。

また従来、広嗣の政策批判については、諸兄政権の一連の政策、特に消極的な外交・軍事政策への反対が取り上げられ、ほかに恭仁遷都や阿倍立太子への反発を想定する説もあった。上表文では第五段に玄昉の影響によるさまざまな政治内容が触れられており、その中に「万民をして興作に疲弊せしむ」というのは恭仁宮や国分寺の造営を言っている可能性はあるが、ここでの表現はみな抽象的で、玄昉を批判するためにことさらに取り上げている可能性もある。広嗣の主たる政策批判対象は第四段に取り上げられている対外関係に関わる軍事政策である。石母田正氏はこの箇所に基づき、広嗣の乱には対外関係・軍備問題における諸兄政権との政策の相違を一つの契機として含んでおり、広嗣の立場は藤原四卿による惣管・鎮撫使、節度使の設置といった、国際関係に積極的に対応した時代への復帰要求にあったとする。さらに広嗣は異常な人物ではなく、その政策は支配層の有力な一部を代表し、藤原氏正統につながるばかりでなく、その対新羅観念も国家の公的イデオロギーを代表していたと述べている（石母田正『日本の古代国家』）。

疫病への関心

また第三段では、疫病による貴族層の危機と社会の荒廃に触れている。第一段に災異として天平六年の大地震やその後の疫病が書かれていないことは、かつて偽作説の根拠の一つだったが、それが起こったのは藤原四子の時代だから、それを取り上げれば四子の不徳や、仏教による因果応報論に逢着する危険性があることから避けたとみられる（細井浩志「「藤原広嗣上表文」の真偽について」）。ただし広嗣は疫病のことを無視しているのではなく、それによる貴族層から民衆に至る社会の疲弊に問題意識を強く持っていることがこの第三段からわかり、第四段に示される対外的危機感の根底にもそのことが含まれている。ちなみに天平十年以後に疫病は下火になったようだが、上表文に「疾疫流行し、時に虚歳無し」と言っていることは、なお完全には流行が収まっていないことを示し、また社会の疲弊がまだまだ続いていたことは種々の政策からも明らかだろう。

諫諍

さて、このきわめて批判的姿勢の強い上表文は明らかに中国の影響を蒙っているものである。中国では古来、諫諍（諫争とも）ということが重要視されてきた。諫諍とは、主君など目上の人に対して、その非を改めさせようと諫める行為である。ただし諍（争）

の字があるように、そこには相手と争うほどの厳しい内容・姿勢を含むことも意味している。中国の『史記』『漢書』等の史書その他の文献には、臣下が君主に厳しい諫言を行っている例がみられる。名君と言われる唐の二代皇帝太宗が臣下と交わした議論を集成した『貞観政要』には、諫言・諫諍を重んじる思想が強くにじみ出ている。

すでに明治から大正初期に編纂された『古事類苑』は『続日本紀』の広嗣上表記事を「諫争表」として掲げているが、本縁起の上表文を読むと、それが諫諍の政治文化に影響されたものであることがよくわかる。冒頭に『孝経』諫諍章を引用して諫諍の必要性を説くことから始めているのは、まさにそのことを示しており、朱雲の故事を持ちだして玄昉・真備の成敗を主張したのも諫諍の意識からである。結文に「師傅を廷辱するは朱雲の高志、折檻罪に非ざるは漢成の聖徳なり」と言っているのも朱雲の話の続きで、帝の師を廷辱（朝廷において辱めること）した朱雲に漢の成帝は大いに怒り、御史が朱雲を連れ出そうとしたが、朱雲は御殿の檻（欄干）にしがみつき、ために檻が折れた。ついに朱雲は連れ出されたが、左将軍の辛慶忌が朱雲を誅さないよう必死に帝を諫め、帝の怒りもようやく解けた。さらに後日、檻を修理する段になって、帝は直諫の臣をあらわすしるしとして、折れた檻をそのままにしておくよう命じたという。「折檻」の語源ともなったこの話は皇帝に対する直言を重んじる風を示したもので、上表の終わりにあたってこの話を引いた広嗣の意図は明らかである。こういった諫諍的性格は上表文のうわべを飾るだけのものではなく、広嗣は実際その意識をもって上表文を書いているのだろう。のちにみるように広嗣は西方海上に逃亡した際、「我は是れ大忠臣なり」と言って駅鈴を捧げ、神霊に祈ったという。これは上表文の諫諍的性格によく通じるものである。

しかし諫諍だからといって何を奏してもいいというものではない。また諫諍の文化が当時の日本にあったかというと、その例は多くない。天皇に意見を奏上する事例は種々あるけれども、天皇に強く異をとなえる諫諍と言えるものとしては、持統天皇の伊勢行幸を、農時を妨げるとして強く諫めた三輪朝臣高市麻呂の例が有名で、『日本書紀』は「直言」「諫争」の語を使っている（持統六年〈六九二〉二月乙卯条）。しかしこれは受け入れられず、高市麻呂はしばらく史上にみえなくなる。日本では諫諍は根づいていたとは言い難く、しかも災異思想や『金光明最勝王経』まで使った天皇批判のもとに、天皇の信頼する二人をこき下ろした上表はとうてい受け入れられるものではなく、天皇を激怒させたであろう。

軍を動かすことを表明

ただし一番の問題は、「尚方剣」を賜って二人を討ちたいという最終的な要求だろう。これは諫諍の枠を超えた実力行使を意味する。朱雲の故事にしても、朱雲の希望が叶えられたわけではない。折れた欄干をそのままにして臣下の直言の記念とした成帝の姿勢が賞賛されている意味が大きいのである。大宰府において「尚方剣」を賜って二人を討ちたいというのは、自ら軍を動かすことの表明にほかならない。『続日本紀』九月三日条に記される、広嗣が「反」したとして、朝廷が将軍の任命や軍士の徴発を行ったことは、基本的に上表文のこのことに基づくと考えられよう。

「反」の認定

広嗣上表の持つ問題点として、それは「乗輿を指斥して、情理切害」（天皇を名ざしで非難して、情状が過激）であれば斬刑とする律の規定に該当したとされることがあり、確かにそういう内容ではあるが、ここはそれ以前に広嗣の「反」が認定されるものだったとみなされるのである。律には支配秩序をゆるがす八つの大罪「八虐」の筆頭に「謀反」があるが、「謀反」とは、「反を謀る」つまり「反」を予備・陰謀する罪である。律の本注に謀反は「国家を危うくせんと謀るをいう」とあり、この「国家」は天皇のことで、つまり「反」は天皇に危害を加える行為だが、天皇は主権者であり、その主権を覆す武力蜂起も「反」である。「謀反」に対する刑罰は最高刑の斬で、実行に着手した場

続日本紀の乱発生記事

合の「反」（真反）は自明の罪となる。

ここであらためて乱発生過程について『続日本紀』の記事を解釈すると、右に述べたように広嗣の上表内容によって、朝廷が広嗣の「反」を認定し、征討軍を発動したとみられるから、上表記事の日付八月二十九日は上表文の差し出しの日付であり、それを受け取った朝廷が九月三日に広嗣の「反」を宣言して将軍の任命・軍士の徴発を行ったと考えられる（上表を受け取ったのが三日とまでは限定できない。前日かもしれない）。九月三日条の「広嗣遂に兵を起こして反す」という記載は、たんなる事実認定の提示だけではなく、征討軍発動の前提としての意味を持つもので、もともとはこの日の将軍任命や軍士徴発の勅か、あるいはその関係資料に同様の文言があったのであり、『続日本紀』編者はそれを基に三日の記事を書いたのであろう。そして上表記事には広嗣自ら玄昉らを討つことを表明したことが記述されているから、これは反乱の具体的様相を記したものとなり、『続日本紀』における反乱記事の傾向に違わないことにもなるのである。

『続日本紀』の乱発生記事はこのように解するが、おそらく以前からの広嗣の言動に加え、これまで朝廷には彼の不穏な動きの情報が入ってきており、警戒していたところへ上表が届き、ただちに征討を決断するに至ったのだと思われる。しかし上表文を出した時点で広嗣がどの程度の軍事行動に移っていたか定かではない。乱の経過は次章でみていくが、むしろ広嗣の動きは官軍に比べると遅いと言わざるをえない。官軍はやすやすと関門海峡を渡り、簡単に豊前国（ぶぜん）を制圧している。もっとも朝廷はいきなり大軍を派遣し、広嗣も結局大軍でこれに対峙しており、また上表の内容からみても、広嗣がまったく受動的だったということはなく、挙兵と言える、ある程度の行動はしていたのだろう。しかしまだそれほど大規模な軍事行動が実現してはいなかった。軍事的成果をあげてから上表するより、まず上表文を出すことを優先したとみられる。

上表を優先

第五　乱の展開と終息

一　豊前三鎮の陥落

大将軍大野東人長門国に到着

九月三日に大将軍に任命された大野東人は、二十一日、すでに長門国に滞在していた。この日、勅があって、東人の奏状によって遣新羅使の船が長門国に来泊したことを知ったので、その船上の物は便宜当国に保管して、使人の中で採用すべき人があれば、東人が任用するようにとの命令が下されている。この勅は東人の奏状を受けたものだから、東人は遅くとも十七〜十八日ごろまでには長門国に到着していたのである。

この遣新羅使は第三で触れた、この年四月に派遣された使人が帰ってきたもので、広嗣の上表文提出前後に博多を経由したと思われ、東人は使人から広嗣をはじめ大宰府の様子を聴取しただろう。ちなみに大使の紀朝臣必登らは十月十五日に都に帰還している。

乱平定の祈願

この間、朝廷では九月十五日に畿内・七道諸国に対し、乱平定の祈願のため国ごとに七尺の観世音菩薩像(かんぜおんぼさつぞう)一軀を造り、『観世音経』十巻を写経することを命じている。「七道」とあるので、西海道(さいかいどう)諸国もその対象に含まれていることになる。

九月三日に徴発が開始された軍勢は続々と長門国に集まってきていただろう。以下、『続日本紀』は乱の経過を将軍東人の数回の報告によって叙述しているので、それに従ってみていくことにしよう。

乱の経過

朝廷軍豊前国に上陸

九月二十一日、東人は行動を起こす。この日、まず長門国豊浦(とよら)郡少領(しょうりょう)額田部直広麻呂(ぬかたべのあたえひろまろ)に精兵四十人を率いさせ、関門海峡を渡らせた。さらに翌日、勅使の佐伯常人(さえきのつねひと)・阿倍虫麻呂(あべのむしまろ)に隼人(はやと)二十四人と軍士四千人を率いさせ、海峡を渡らせた。先に渡海した額田部広麻呂は隣国の郡司として豊前(ぶぜん)北部の地理や状況に詳しく、続く本隊の進出の地ならしをしたのだろう。おそらくそれ以前から広麻呂は東人の命により、豊前の諸豪族からの情報収集、あるいは彼らへの説得工作を行っており、その上で示威的に先遣隊として乗り込んだのではなかろうか。広麻呂は乱後の行賞で外正八位上(げしょうはちいのじょう)から一挙外従五位下(げじゅごいのげ)に昇っており、官軍が海を渡って早期に豊前国を制圧したのが戦局に大きな意味を持ったこと、そこに広麻呂の活躍が評価されたことがうかがわれる。

豊前国の三鎮陥落する

渡海した朝廷軍は豊前国に駐屯していた広嗣の軍にすぐさま襲いかかった。二十四日までに豊前国の登美・板櫃・京都三ヵ所の鎮が陥落し、京都郡鎮長だった大宰史生従八位上小長谷常人、板櫃鎮小長凡河内田道は殺され、三所の営兵一七六七人が捕虜となった。ただし板櫃鎮大長三田塩籠は逃亡したという。佐伯常人らは板櫃営をおさえ、また東人自身はのちに到着する兵を率いて渡海する予定だとしている。

広嗣動静の報告

以上は『続日本紀』九月二十四日条に載せる大野東人の報告に基づき略述した緒戦の経過である。この報告には広嗣自身の動静についても記されている。すなわち間諜の報告によれば、広嗣は遠珂郡家に軍営を造り、弩を儲け、さらに烽をあげて国内の兵を徴発しているという。遠珂郡は筑前国の東北端にあって豊前国に隣接し、郡家は遠賀川の西にあった。次に述べるように、登美と板櫃は現在の小倉にあり、その市街中心部から遠賀川までは直線距離にして約一八キロだから、比較的近くまで広嗣は来ていたことになるが、それでも遠賀川という大河をはさみ、まだ豊前国に進む態勢になかった。官軍は広嗣が来る前にまず豊前国北部を確保したのである。

三鎮はどこか

「鎮」は古代の史料に時々みえる軍事関係の語だが、ここでは兵が駐屯している場所を指すと思われる。その場所が実体として恒久的な施設だったのか、臨時に設けられた施設なのかはわからない。登美鎮（厳密には「登美鎮」という名称はみえないが、他の二鎮と併記されているので通説に従って鎮と呼ぶ）は、北九州市小倉北区の市街東側に富野があり、ここにあったと考えられる。ただしずっと豊後寄りの福岡県築上郡吉富町（豊前国上毛郡）にあてる説もあり、こちらに登美鎮があったとすると戦いの経過も違ったものになる。しかし右の報告においては、「豊前国京都郡鎮」、「企救郡板櫃鎮」の表記がみえ、郡名だけの京都郡鎮に対して板櫃鎮は郡名＋地域名なので、企救郡にはほかにも鎮があった可能性がある。そしてその後に「登美・板櫃・京都三処営兵」とあって、登美については郡名が書かれておらず記事に既出の郡に含まれると考えられる。またこの記載順は登美が小倉の富野なら官軍側からみて近〜遠の順に並ぶのに対し、吉富町だと不自然な順序になるから、やはり企救郡内になる小倉の富野であると考えておきたい。

板櫃鎮は小倉北区に到津があってその近くと考えられる。古代には到津駅があり、山陽道と大宰府を結ぶ駅路から豊前国府方面へ向かう駅路が分岐する、交通上の要処であった。板櫃川が流れており、後述のようにそこ

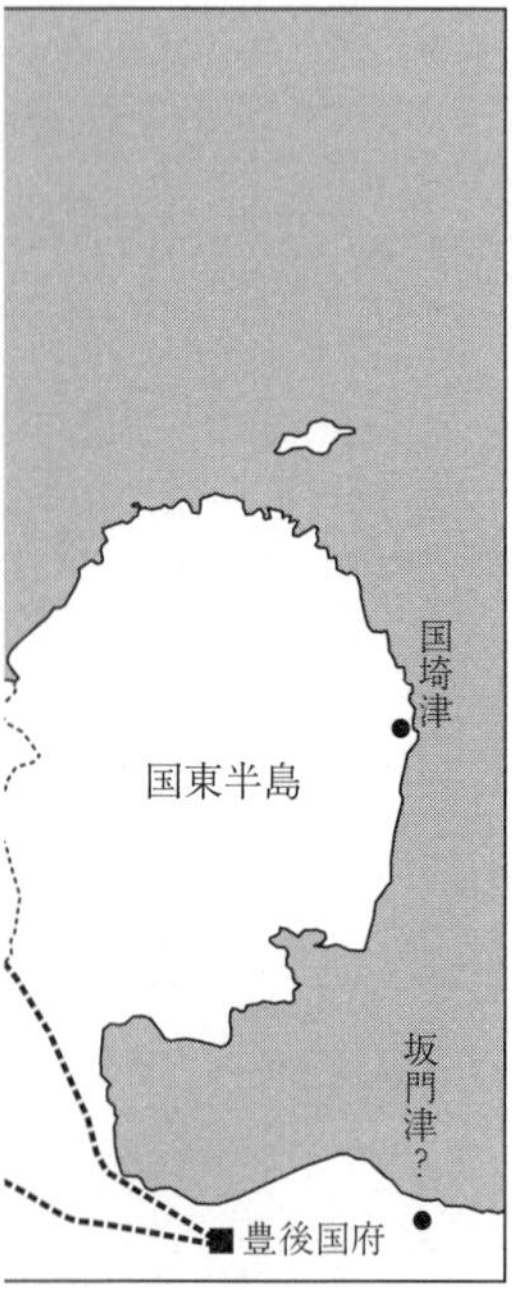

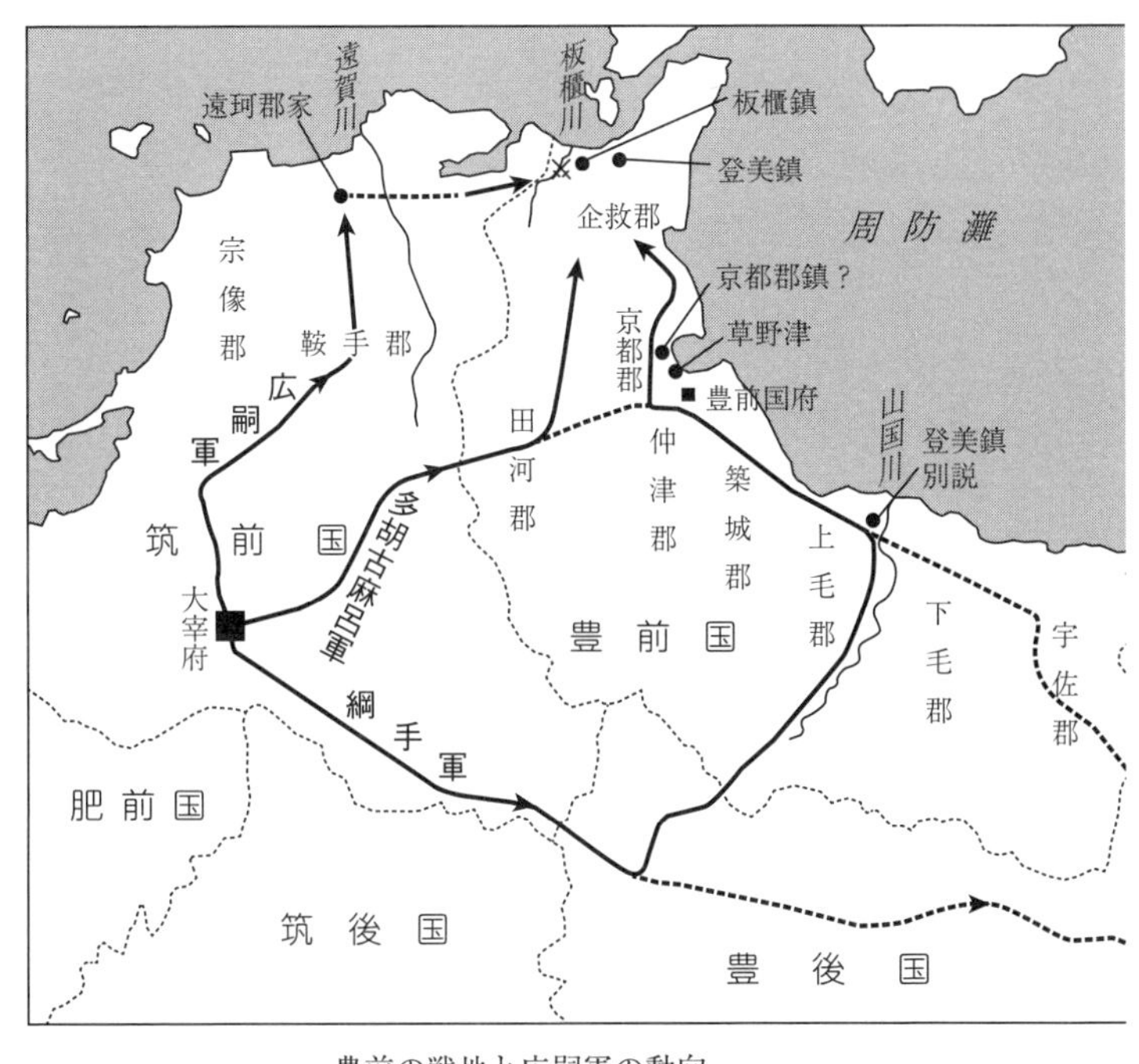

豊前の戦地と広嗣軍の動向

で官軍と広嗣軍が対峙することになるから、この板櫃鎮は板櫃川よりも東側にあったことになる。

京都郡鎮のあった豊前国京都郡は、現在の福岡県京都郡苅田町および行橋市西部にあたる。古代、この辺りには草野津があり、瀬戸内海航路に向かうことができる重要な港津だった。行橋市延永・吉国の延永ヤヨミ園遺跡は弥生時代から中世に至る遺跡で、草野津もここに比定されている。

なお豊前国府は、みやこ町国作に豊前国府跡公園が整備されているが、乱当時はその北の福原長者原遺跡（行橋市南泉）だったと考えられる。両者とも古代では仲津郡に属するが、京都郡に隣接していて近い距離にある。

現地郡司らの帰順

大野東人は翌二十五日にも引き続いて報告を発し、現地郡司らの帰順を知らせてきた。その人名と率いた兵数等をまとめると次のとおりである。

豊前国京都郡大領外従七位上楉田勢麻呂　兵五百騎
仲津郡擬少領无位　膳　東人　兵八十人
下毛郡擬少領无位勇山伎美麻呂
築城郡擬領外大初位上佐伯豊石　兵七十人
豊前国百姓豊国秋山等　逆賊三田塩籠（前日の報告では逃亡していた）を殺す
上毛郡擬大領紀乎麻呂等三人　共謀して賊徒首四級を切る

少し補足しておくと、前半の兵を率いて帰順した四人の記載順はおそらく兵数の順である。そして三人目の无位勇山伎美麻呂は兵数が書かれていないが、次の大初位上佐伯豊石の方が格上（有位者）だから、豊石と共同で兵七十人を率いたとか、あるいは兵が同数であったとかではなく、伎美麻呂については兵数が脱落しているのだろう。

三鎮攻略過程についての説

さて、豊前国三鎮の攻略過程については、ここにあげられている地元郡司らの攻撃によって三鎮が陥落し、その後官軍が渡海したという考え方が研究史の一つの流れとして存在している。この場合、先に将軍東人の報告の日として述べた日付（『続日本紀』で記事がかけられている日付）は報告書が朝廷に到着した日とみ、記事の中にはのちに到着した報告も合叙されていると考える。先に述べた過程はこれと違って、日付を報告書の発信日とみ、官軍が三鎮攻略を主導したという考え方で、これも研究史のもう一つの流れである。日付を発信日とみた場合、合叙を想定しなくても全体の理解が可能である。広嗣上表についても、先にみたとおり、発信日として前後関係が合理的に解釈できる。ただ、地元郡司らの攻撃が先にあったという説も重要なので、右のような解釈をとる説明を少し補足しておきたい。

続日本紀の記事

二十四日条の三鎮攻略について、『続日本紀』には、まず次のように書かれている。

殺㆓獲賊徒豊前国京都郡鎮長大宰史生従八位上小長谷常人・企救郡板櫃鎮小長凡河内田道㆒。但大長三田塩籠者、着㆓箭二隻㆒逃㆓竄野裏㆒。生㆓虜登美・板櫃・京都三処営兵一千七百六十七人㆒。器仗十七事。

（賊徒(ぞくと)豊前国京都郡鎮長大宰史生従八位上小長谷常人・企救郡板櫃鎮小長凡河内田道を殺獲(さつかく)す。ただし大

長三田塩籠は箭二隻を着して野の裏に逃れ竄る。登美・板櫃・京都の三処の営兵一千七百六十七人を生虜にす。器仗十七事あり）

ところが、この攻略の前提となるはずの額田部広麻呂や阿倍虫麻呂らに率いられて軍が渡海したことは、この攻略記事の次に接続詞「仍」（「よりて」「なお」「すなわち」等の読みがある）でつながれて書かれているのである。ここから、まずこの攻略が行われて、それに続いて額田部広麻呂を先頭に官軍が渡海したのではないかという考えが浮かんでくる。そうするとその攻略を行ったのは誰か。それは当然二十五日条に書かれている郡司らの率いた軍であったと考えざるをえなくなる。

報告書の別簿

しかし右に掲げた三鎮陥落の記事は、報告書引用の冒頭であるにもかかわらず、その時日や戦果を勝ち取った主語が書かれておらず、唐突に文が始まっている。最後の「器仗十七事」というのも言葉足らずである。私はこの記事の元になったのは、もともとは大野東人の報告に別簿として付された、戦果を箇条書きにして列挙したものであったと考えている。奈良時代には、征討軍から戦況を記録した別簿が朝廷に提出されていたが、そこには戦果を具体的に記した別簿が添付されることがしばしばみえる。そこでこの記事を、元の文字はそのままに、箇条書きに直し、意をもって字下げ等を施してみると次のようになる。

殺獲賊徒　豊前国京都郡鎮長大宰史生従八位上小長谷常人・企救郡板櫃鎮小長凡河内田道

但大長三田塩籠者、着二箭一隻一逃二竄野裏一。

生虜　登美・板櫃・京都三処営兵一千七百六十七人

器仗　十七事

このように殺獲者（逃亡者注記）、生虜、獲得した器仗を列挙した帳簿的部分として綺麗に書き直せる。「器仗十七事」というのは簡単すぎるが、その詳しい内容を略しているのであろう。このように別添の帳簿であるから、時日や主語が書かれていないのである。『続日本紀』は広嗣の乱における東人の報告書をそのまま引用する形で記事を作っているが、おそらく編纂時に右の別添帳簿が先に配されていた九月二十四日付け報告書の保存資料があり、その別簿部分を文の形にして先に書き、その後に軍の動静の記述を書いたのであろう。そう考えれば三鎮攻略の主体を地元郡司とする必要はなく、渡海した軍によるものと考えてよいことになる。

私はこの考えを論文に書いたことがあるが（北啓太「律令国家における征討軍報告書について」）、

あらためて考えてみると、京都郡は関門海峡からかなり離れている。渡海地点がどこであったか、また京都郡鎮の正確な所在地も不明であるが、渡海地点を北九州の本州側に突き出た企救半島の突端付近とし、京都郡の鎮を草野津付近とすれば、その間の距離は現在の道路で四〇キロ弱となり、九月二十二日に渡海した軍が企救郡の登美・板櫃鎮に加えて京都郡鎮までも攻略し、その結果の報告をまだ長門国にいた大野東人が二十四日に発信することは、不可能とは言えないが、かなり難しいだろう。

帰順した郡司の特徴

二十五日の報告にみえる郡司はどの地域の者たちだろうか。九州東北部にある豊前国は、関門海峡に接する企救郡から南に向かって、京都郡、仲津郡、築城郡、上毛郡、下毛郡、宇佐(うさ)郡と、周防灘(すおうなだ)に沿いながら郡が並び、内陸部に田河(たがわ)郡がある。最も南にあり神(しんぐん)郡という特殊な位置にあった宇佐郡や内陸部の田河郡を除くと、周防灘沿岸部のほとんどの郡の郡司がここにみえているが、彼らはすべて京都郡以南の地域の郡司である(郡司ではなく、所属郡も不明の豊前国百姓豊国秋山を除く)。とすると彼らの動向を豊前国全体の中で漠然と考えるのではなく、京都郡方面における戦闘の中で考えるべきであろう。

京都郡大領の率いた兵力

彼らの兵力をみると、京都郡大領楉田勢麻呂の率いたのが兵五百騎と飛び抜けて多い。この数字はすべてが騎兵だったとは思われないが(板櫃川の戦いの時にも広嗣側の軍は「一万許騎（ばかりのき）」と書かれている）、その中に騎兵もいたのだろう。そしてこれはあまりにもちょうどの数である。乱における郡司の軍事指揮をめぐってはその性格について色々な見方が出されているが、彼ら、特に京都郡大領楉田勢麻呂の兵力はもともと広嗣によって徴発され、一定の単位で編成されていた兵力であり、元は京都郡鎮に集結していたのだと考える。さらに勢麻呂は乱後の行賞で外従七位上から外従五位下を授けられており、その功績が高く評価されたことを示しているが、それはたんに五百の兵を率いて帰順したというだけでなく、戦闘の展開の上で大きな功績があったためであろう。

三鎮陥落の過程

以上をふまえて官軍主力渡海以後の展開をあらためて次のように考えたい。二十二日に官軍の四千人は関門海峡を渡るが、企救半島の北側は山が海に迫り、ここに軍が留まることは危険で、ただちに広い現小倉方面に移動して登美・板櫃鎮を攻撃したと思われる。現JR鹿児島本線の門司港駅と小倉駅の間は一一キロで、登美鎮と板櫃鎮は現小倉駅からそれぞれ東と西二キロほどの所にあったと思われ、渡海地点から一日で進める距離である。攻撃は二十二日から二十三日にかけて行われ、両鎮はすぐに陥落したのだろう。

そしてその状況を見守っていたのが、京都郡の地元で精鋭の騎兵を含む兵力を任されていた大領楉田勢麻呂である。彼はこの情勢をみて、集結していたほかの郡司らとともにに配下の兵を率い広嗣方を離脱したのであろう。そして一部先に到着した官軍方と協力して京都郡鎮を攻撃し、鎮は陥落したのだと思われる。その当面の戦果が早馬で東人に報告されれば、二十四日に大野東人が長門国から朝廷に報告を発することも可能である。

二十四日の報告を読むと、広嗣側で殺されたことが明記されているのは京都郡鎮大長の小長谷常人と板櫃鎮小長の凡河内田道の二人のみで、そのほかは捕虜になった人数があるだけである。本格的な戦いがあれば、一般兵を含めて殺害した人数が概数だけでも報告されたと思われる。翌日に報告されたのもわずかの人数である。急ぎの報告だからあまり強くは言えないが、それほどの戦いはなく、三鎮の指揮官は傘下の兵から浮き上がってしまって、あっさりと敗れたのではあるまいか。

二　板櫃川の戦い

豊前の戦いの報告が朝廷に到着してすぐと思われるが、九月二十九日、大宰府管内諸国の官人・百姓にあてて勅が発せられた。第三の広嗣左遷について述べたところで一部を引いたものである。それに続く部分を引用する。

広嗣を非難し蹶起を促す勅

今聞く、（広嗣は）擅に狂逆を為し、人民を擾乱すと。不孝不忠にして、天に違い地に背けり。神明の弃つる所、滅ぶること朝夕に在り。前は已に勅符を遣わして彼の国に報知らしむ。又聞く、或いは逆人有りて、送人を捉え害いて遍く見しめずと。故に更に勅符数千条を遣わして諸国に散ち擲げしむ。百姓見ば、早やかに承知すべし。如し人有りて、本より広嗣と心を同じくして謀を起こすと雖も、今能く心を改めて過を悔い、広嗣を斬殺して百姓を息めば、白丁には五位已上を賜い、官人には等に随いて加え給わん。若し身殺されれば、その子孫に賜わん。忠臣義士、速やかに施行すべし。大軍続きて発ちいるべくは、この状を知るべし。

（『続日本紀』天平十二年九月癸丑条）

広嗣に同調する動き

ここでは、広嗣を非難し、広嗣と同心した者であっても改心して広嗣を斬殺して百姓を安んじた者は、白丁ならば五位以上を賜い、官人ならば位に応じて加給すると約束し、広嗣に対する蹶起を促している。またすでに管内の国に対して報知したのだが、妨害があって周知されなかったので、さらに勅符数千条を諸国に散擲するという。これらによると、西海道諸国では広嗣に同調する反政府的動きが広がっており、この勅が官人・百姓に直接あてたものであることからも、国司などの公的機関が政府側としては十分機能していない状況がうかがわれる。

さらに十月九日には東人に対して宇佐の八幡神に祈請するよう、詔(みことのり)が出されているが、同じ九日、大将軍東人は広嗣との板櫃川の対戦を報告した。この日付も発信日かどうかは明確ではないのだが、報告書は朝廷が返答した日に載せられている場合以外は、みな発信日とする方が合理的なので、発信日とみたい。戦いはこの日かあるいは前日のことであっただろう。この戦いがほぼ乱の決着をつけるものとなった。

板櫃川は北九州市八幡東(やはたひがし)区の皿倉(さらくら)・尺岳(しゃくだけ)山地を北北東へ流れ下りてきて、同区大蔵(おおくら)でやや東寄りへ向きを変え、小倉の市街地を通って小倉城より西を通り北の響灘(ひびきなだ)に注いでいる。江戸時代には大蔵から少し下流の荒生田(あろうだ)にかけてが豊前国と筑前国の国境であった。古代の駅路は大蔵から東側は板櫃川にほぼ沿っていたとみられ、その辺りの左岸には日明(ひあがり)・金比羅山(こんぴらさん)丘陵があり、右岸側も皿倉・尺岳山地の末端となる丘陵が迫ってきて、南側から来る槻田(つきだ)川との合流地点のすぐ下流の辺りは平地はかなり狭くなっている。ここを抜けると板櫃川はやや北向きに流れ、右岸側が大きく開けて小倉の平野となる。

その狭い所の右岸側、小倉北区金鶏町(きんけいちょう)には平安時代の到津駅家(うまや)に関連する屏賀坂(びょうがざか)遺

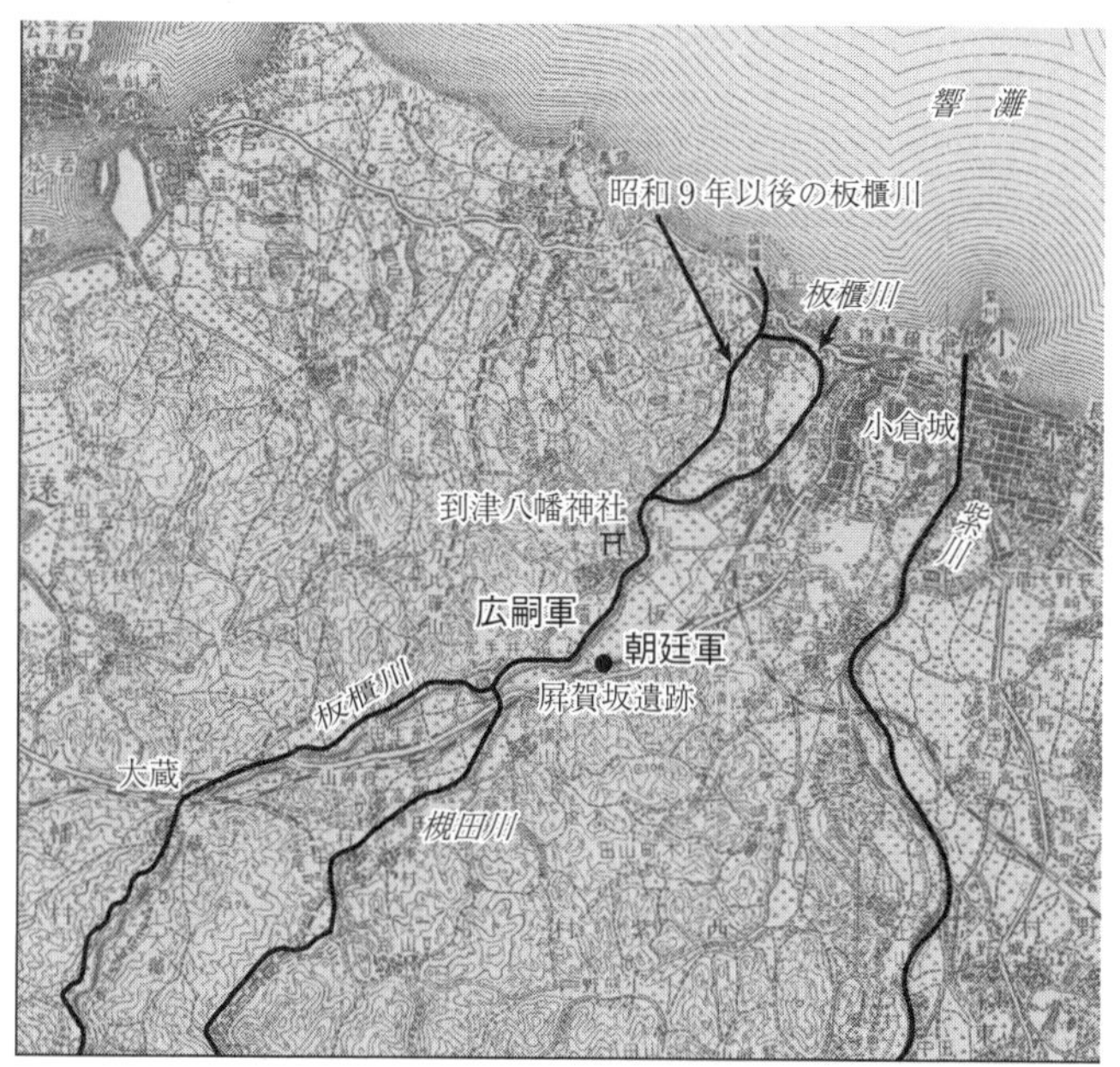

板櫃川の戦い関係図（陸地測量部，明治33年測図５万分の１「小倉」に加筆）

板　櫃　川

跡があり、屏賀坂については、佐野経彦の『企救郡誌』（明治元年序）に、この時の官軍が布陣したのが今の「兵か坂」だろうとする説がある。そこから約七〇〇メートルほど下流の左岸側には到津八幡神社があるが、その前の八幡橋の右岸側のたもとにいま「板櫃川古戦場」の説明板が立っている。金鶏町の辺りからここまでは左岸側も幅一〇〇〜三〇〇メートル程度の平地または緩やかな傾斜地がある。なおその辺りから下流の左岸側は丘陵が迫っている感があるが、これは昭和九年（一九三四）に付け替え工事によって現流路になったもので、それ以前の板櫃川はもう少し東側を流れていた。

金鶏町より下流の川幅は、河口近くを除けば現在せいぜい三〇メートル前後ほどで、水量も私が訪れた時にはいつも少なく、後述するような筏（いかだ）を組んで渡るという戦いの光景とイメージが異なるが、板櫃川は氾濫を繰り返し、整備を経て現在の姿になっており、古代にはだいぶ様相が違っていただろう。また流路も、右の昭和の工事によるもの以外にも、今とは違う所もあった可能性も十分にあるだろう。官軍にとっては広嗣軍が隘路（あいろ）を抜けて出てきたところを迎え撃つのが戦術上有利であり、金鶏町の辺りから下流が対戦地とみてよいと思われる。

なお『大日本地名辞書』は、ここでいう板櫃川は現在の紫川（むらさきがわ）のことであり、小倉築城の後に流路が変わったのだという。紫川は北九州市小倉南区から北へ流れてきて小倉城の東を通り、海に注ぐ川である、小倉市街地では板櫃川の約一・五キロ東を流れ、現在、川幅は板櫃川よりはるかに広く、その両岸も平らであり、決戦場所にふさわしいようにみえる。しかし『大日本地名辞書』の根拠はわからず、一方、板櫃川と紫川の間にはわずかだが小倉台地の高まりがあり、「板櫃」に通ずる到津の地名の位置などからみても、板櫃川がそこまで大きく河道を変えたとは思われない。小倉城内の小倉城下屋敷跡は八世紀の瓦を出し、古代寺院あるいは奈良時代の到津駅家とする説もあり、現紫川と板櫃川の間の微高地がこの地域の当時の中心部で、官軍がおさえた板櫃鎮もここにあったとみるのがよいと思われる。

対戦の様子

さて東人の報告によれば、広嗣は衆一万騎ばかりを率いて板櫃川に至った。広嗣は自ら隼人軍を率いて前鋒である。筏を組んで川を渡ろうとする広嗣軍に対し、佐伯常人・阿倍虫麻呂率いる官軍は弩を発してこれを防いだので、広嗣方は退いて川の西に列した。官軍は六千余人で、川の東に陣した。

広嗣と勅使のやりとり

広嗣軍がいったん渡河を断念したところで、官軍の隼人らは広嗣方に対して、逆人広嗣に従って官軍に抗する者は身を滅ぼすだけでなく、罪が妻子親族にまで及ぶと呼びかけた。これを聞いて広嗣軍の隼人ならびに兵らは箭(や)を発しなかったという。

　そして佐伯常人らは広嗣を呼ぶこと十度に及ぶも、広嗣はなお答えず、しばらくしてようやく馬に乗って姿を現した。そして云わく、「勅使到来と承るが、勅使とはだれか」。常人らは答える。「衛門督(えもんのかみ)佐伯大夫(だいぶ)・式部少輔(しきぶのしょうふ)安(阿)倍大夫ここにあり」。広嗣は「いま勅使が誰かを知った」といい、馬を下りて両段(りょうだん)再拝し「自分は朝命(ちょうめい)をあえてこばもうというのではない。ただ朝廷の乱人二人（玄昉(げんぼう)と真備(まきび)）を請うているだけである。あえて朝廷の命令をこばむならば天神地祇(てんしんちぎ)が自分を罰し殺すだろう」と言った。それに対し常人らは「勅符(ちょくふ)を賜うために大宰府の典(さかん)以上を召したのに、なぜ兵を発して押しよせて来たのか」と問うたが、広嗣はこれに答えることができず、馬に乗って引き下がったという。この「勅符」の内容はわからないが、勅使が持参したもので、広嗣を尋問・譴責(けんせき)するために勅使を派遣したことを大宰府に通知するものではなかろうか。

　このやりとりをみて、広嗣軍から隼人三人がまず川に飛び込み、泳ぎ来たって降伏した。朝廷軍の隼人がこれを助けあげる。降伏の隼人は計二十人、その中には隼人の族長贈唹君多理志佐(そおのきみたりしさ)がいた。またそのほかに十騎ばかりが帰順したとある。捕虜と捕獲した武器は別のごとしとあり、ここには載っていない。また戦闘の様子はこのほかには書かれておらず、死傷者についても書かれていない。

報告からは、朝廷の権威に広嗣が従順な態度を示したことが印象づけられるが、そこにむしろ作為性が感じられる。ここにある広嗣の発言そのものは虚偽の記録ではないだろうし、このように勅使が朝廷の権威を押し立てて広嗣の非を直接呼ばわり、さらに広嗣自身が朝廷の権威を認める姿勢をみせたことは広嗣方の兵に動揺を与えたであろう。後述する広嗣逃亡の経過からみても、こののちにさほどの戦いが行われたとは思えず、勝負は早期についたのであろう。しかし広嗣の発言がすべて記録されているとは限らない。官軍の報告であり、朝廷にとって耳の痛いことは略されている可能性もあるだろう。

広嗣の進軍計画

降伏した隼人の族長贈唹多理志佐の供述によって広嗣の進軍計画が明らかになる。それによれば、広嗣は大隅・薩摩・筑前・豊後の国の軍五千ばかりを率い、鞍手道より進む。広嗣の弟綱手が筑後・肥前の国の軍五千ばかりを率い、豊後国より進む。また多胡古麻呂が、兵数はわからないが、田河道より進む計画となっていた。しかし広嗣軍は鎮所に到着したものの、綱手と古麻呂は到着していないという。

大宰府から進軍

この三軍を構成する兵については、豊後を経由しない広嗣軍に豊後国軍が入っているから、これらの兵は基本的にいったん大宰府に集結し、そこから分かれて進んだものと

軍団兵士を動員

考えられる。広嗣が率いた軍のうち大隅・薩摩二国については通常西海道諸国を列記する時には最後に書かれるはずが、ここでは最初に書かれているので、おそらく広嗣の直接指揮下に入っていた隼人軍なのであろう。それ以外は、普通に考えられているとおり、軍団兵士を動員したのだろう。弘仁（こうにん）四年に減定される前の軍団兵士数（六五頁表）をみてみると、広嗣軍の筑前・豊後、綱手軍の筑後・肥前はそれぞれ五千六百、五千五百であり、両者ほぼ同数で、それぞれ五千を少しだけ上回ることは、この時の動員と軍団兵士制に関係があることを示している。なお東人の報告では広嗣が一万ばかりを率いていたと書かれているが、こちらの数字は官軍が実地にあたって判断した兵数であり、正確性に問題がある数字と思われる。しかし広嗣が遠珂郡家で国内の兵を徴発したように、路次でさらに兵を集めてはいるだろう。

隼人軍

隼人軍については、大量の動員を想定する見方に対し、降伏した隼人がすべてであり、それは贈唹多理志佐が率いた隼人集団であるとする説（松本政春「広嗣の乱と隼人」）もある。進軍計画では広嗣と綱手の率いる人数は同じであり、それと右記のような軍団兵士との関係を考えれば、隼人の人数は多くなかったと思われる。ただ贈唹多理志佐は大隅の隼人の族長であり、広嗣軍筆頭の「大隅・薩摩」特記からみると広嗣の率いた隼人は多理志佐配下の者だけにとどまらなかったのではないか。

松本説では、隼人の役割は、戦いの時の言葉による応酬＝言葉戦いに際してその呪力に期待するものであり、朝廷が隼人を派遣した意味もそこにあったという。実際朝廷軍の隼人が広嗣の衆に対し、反逆すれば身を滅ぼし、その罪は家族に及ぶと呼びかけ、それにより広嗣軍は箭を発することを止めた。朝廷側隼人は二十四人と少数であり、派遣にはそのような意図が認められるだろうし、広嗣側の隼人にも同様な役割があったのだろう。ただそうすると広嗣側の隼人も何か言ったはずなのに、それは書かれていない。やはり報告ではやりとりのすべてが記録されているわけではないと考えられる。

次に三軍の進んだルートについて。広嗣の進んだ鞍手道は筑前国鞍手郡を通るルートである。鞍手郡は遠珂郡の南、宗像（むなかた）郡の東南に位置している。『延喜式（えんぎしき）』では大宰府と山陽道を結ぶ駅路は筑前国宗像郡、同遠賀郡、豊前国企救郡の到津（板櫃）を通るルートであり、鞍手道を通るということは、宗像郡より南を通って遠珂（遠賀）郡家に至ったのである。広嗣がこのルートを選んだ理由としては、このころ宗像氏が中央と強い結びつきがみられるので宗像郡域を避けたか、あるいは当時の駅路はこの鞍手道だったという説がある一方（『宗像市史』）、鞍手道は遠賀川を中流域で渡る交通路であり、広嗣は渡河の便を考えて最速となるこのルートをとったが、官軍の板櫃鎮掌握を知り、方向を変えて遠珂郡家に入り態勢の立て直しを図ったのだとする説があり（大高広和「大宰府成立前後の大宰府・豊前間の交通路」）、遠賀川下流の広さを考えると後者に魅力を感じる。ただ九月二十四日の報告からみると、広嗣の遠珂郡家入りはもう少し早かったと思われるが、官軍の進出状況や自らの拠点の置き方を総合的に判断したうえでのことであろう。

弟の綱手の軍は豊後国より進むとあるが、これは大宰府から東南に向かい、豊後国へ入った後、日田（ひた）から北東へ折れて山を越え、山国川（やまくにがわ）に沿って下り、前節で登美鎮の候補地として触れた今の福岡県吉富町付近で周防灘沿岸に出たものとみられている。ただ豊後国府（大分市付近）方面から進むという見方もあり、その場合は板櫃に来るまでに相当時間を要する。

また多胡古麻呂の進んだ田河道は大宰府から東北へ向かい、途中東寄りへ転じて豊前国田河郡に入る道で、そのまま東へ進めば豊前国府や草野津に出ることになる。奈良時代にはよく利用されたことが知られている。

広嗣の戦略

広嗣がこのように軍を三つに分けて進んだのは、大軍の移動の便のためという見方もあるが、官軍のある程度の豊前国への進出、あるいは豪族層への働きかけや影響力を考慮し、三鎮の兵力だけでは対抗できないことを見越して豊前国を三方から制圧するためであろう。また、そもそも官軍がすべて関門海峡を渡ってくるとは限らず、草野津からの侵攻も予想していたかもしれないし、官軍が同様に三方に軍を分けて大宰府に向かってくるかもしれない。豊前国を三方から制圧することを目的としていたならば、綱手軍が、かなり遠回りとなる豊後国府方面から入るのも必ずしも否定はできない。また豊後国には坂門津・国埼津という、瀬戸内海や四国方面に開けた津があった。綱手の軍はその方面にも睨みをきかせる役割があったのかもしれない。

三軍の会集地

多理志佐の供述によれば、広嗣の衆は鎮所に到来したけれども、綱手・多胡古麻呂は来ていないという。ただ三軍が会集する地点として板櫃川の西側は不自然であり、官軍が川の東側をおさえた段階ではなおさら適切ではない。はるばる豊後国から豊前国に入り、周防灘沿いを北上してきた綱手の軍が、北九州まで来られたとして、たどり着くのは官軍の布陣している板櫃川の東側である。南には山があって、大軍が西側に行くことは難しい。逆に広嗣と呼応して官軍を挟撃することもできるが、実際には来られなかったのであろう。多胡古麻呂の軍も同様である。田河道から来ると、周防灘沿岸（草野津の辺り）に出てから北上するか、あるいはその手前の田河郡内の現香春町から折れて北上し、小倉平野に至るルートをとるかであるが、いずれにしろ綱手軍と同様の問題が生じる。おそらく元は板櫃川東側の、大宰府方面・豊前国府方面・田河郡方面のルートが合流する所を会集地点として想定し、三軍が豊前各地を制圧しながら進軍してそこで会集するという計画だったのだろう。そのようにして朝廷軍の後続に対抗する、さらには本州方面をうかがうつもりだったのが、実際には官軍の豊前進出・占領が素早く、それに対抗できなかったのだと考えられる。

綱手軍の動向

なお、こののち綱手は逃亡時に広嗣と行動をともにしていたとみられることや、板櫃川で広嗣が率いたのが一万人とされていることから、綱手軍は実際には合流を果たしたとする見方がある。しかし綱手軍が合流していたならば、士気を高めるためにその事実は軍内に周知され、多理志佐も知っていたと思われる。また前述のように地理的状況から綱手軍が板櫃川の西側に来ることは無理だった。綱手はおそらく行軍途中で官軍に敗れたか、あるいは軍が自壊して、大宰府方面に逃亡し、広嗣と落ち合ったのであろう。

官軍は九月二十四日までに京都郡方面までをおさえたから、その後も続いて渡海した軍を展開して豊前国内を固めたに違いない。十月九日に宇佐八幡宮への祈願が命令されているが、宇佐郡は豊前国内で最も豊後国よりに位置している。その時点で宇佐までの周防灘沿岸は、ほぼ官軍の支配下にあったとみられよう。

三　広嗣の最期

広嗣海上に逃亡

板櫃川の戦いののち、戦闘の記録はない。広嗣の軍は瓦解してしまったようで、広嗣は西方海上に逃亡した。『続日本紀』に載せる、逮捕された従者の供述によれば、広嗣の船は知賀島(ちかのしま)から発し、東風を得て進んだ。知賀島は値嘉島など色々な字で書かれるが、今の五島(ごとう)列島あるいはそれに平戸島を含んだ地域を指す。船は進むこと四日、耽羅島(たんらのしま)すなわち済州島(さいしゅうとう)(チェジュド)の近くまで至った。耽羅はかつて百済(くだら)に服属し、七世紀後半の百済滅亡後には独立して日本とも通交していたが、その後結局新羅に服属していた。日本も耽羅を新羅の服属国と認め、七世紀末以降、耽羅との直接的な関係は薄かった（森公章「古代耽羅の歴史と日本」）。ここまで来れば、もう異国の世界である。しかし東風はなお吹くも、

耽羅から吹き返される

船は進まなくなり、一日一夜漂った末、西風が起こり、船を吹き返した。広嗣は自ら駅鈴(えきれい)一口を捧げ、「我は大忠臣である。神霊は我を捨てるのか。神力によって風波が暫(しばら)く静かならんことを」と言って海に投じた。しかし風と波はいよいよ強く、ついに船は吹

き戻され、「等保知賀島色都島」に着いたという。

五島列島に着く

「等保知賀島」は「遠値嘉島」という書き方があり、遠方のチカノ島ということで、ここでは同一報告内での前出の知賀島との対比から、五島列島南部あるいは五島列島全体を指し、「色都島」はその内の特定の島を指しているのだろう。ただそれがどの島にあたるのか明らかではない。中島功『五島編年史』は中通島（長崎県南松浦郡新上五島町）の西にある祝言島とし、「しうげ」の現地訛を「色都」と聞いたのではないかとする。一方、「色都」を「くづ」と読み（「色」は「八色の姓」などのように「くさ」の読みがあった）、奈留島（長崎県五島市）の北にある葛島の古称とする説もある（吉見博「肥前国松浦郡田浦考序説」）。

広嗣逮捕

そして十月二十三日、広嗣は「肥前国松浦郡値嘉島長野村」で逮捕された。この場所もわからないが、『五島編年史』は宇久島の長野（旧神浦村小浜郷のうち。現佐世保市宇久町小浜）と、中通島の永野（旧青方村奈摩郷のうち。現新上五島町奈摩郷）を候補にあげ、後者の方が朝鮮船の漂着が多かったことから有力としている。

板櫃川の戦いからおよそ十四日が経っていた。済州島までが四日、そこで一日漂い、吹き戻されたが、仮に同じ日数で戻ってきたとすれば、合わせて九日の計算になる。五

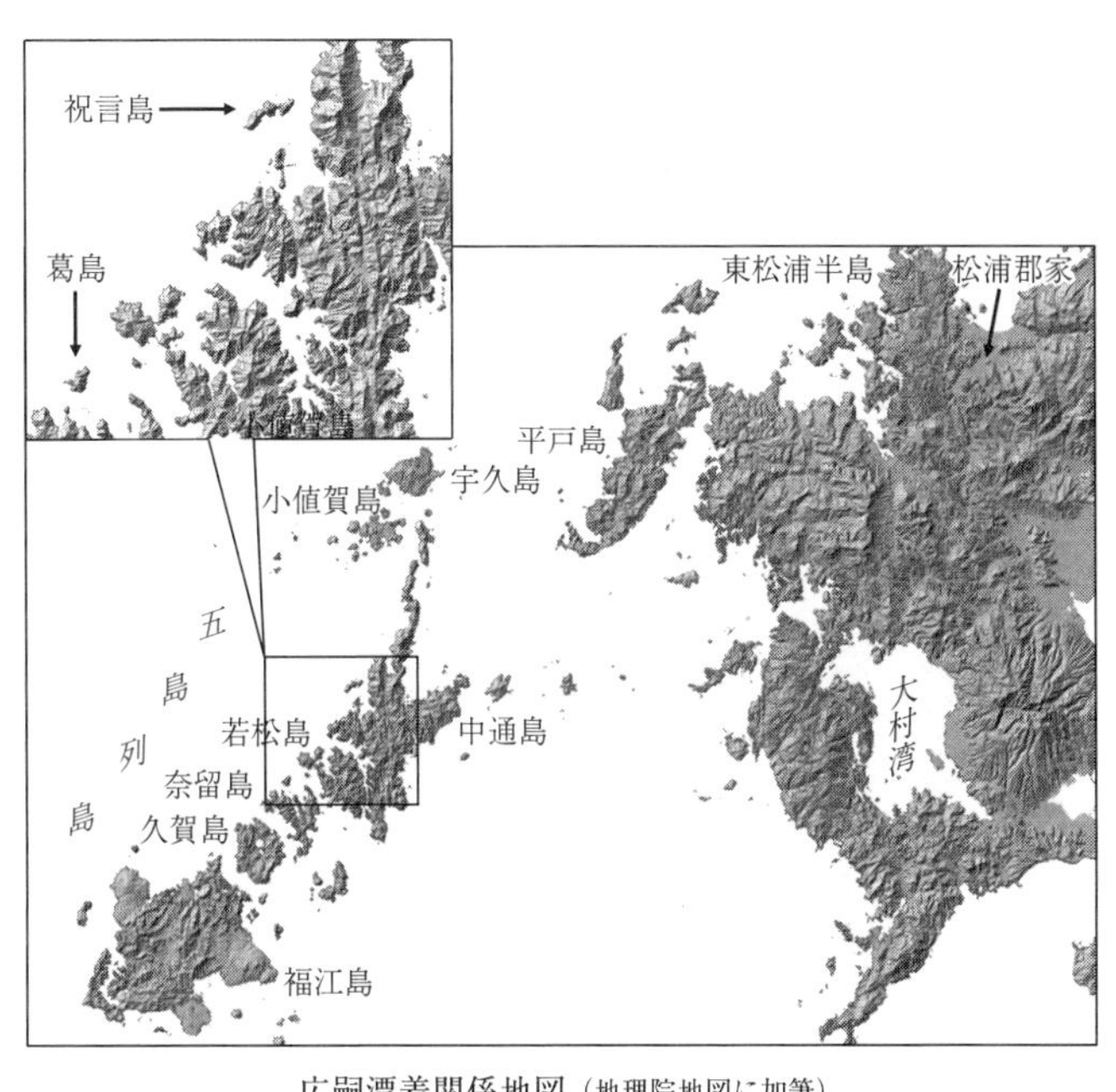

広嗣漂着関係地図（地理院地図に加筆）

島列島までは、九世紀に円仁の乗った遣唐船が博多湾から五島列島北端の宇久島まで、順風を得て昼夜兼行、丸一日と少しで行っているが（『入唐求法巡礼行記』）、これなどかなり速い例であろう。五島での広嗣逮捕の報告を大野東人が天皇へ発信した日は後述するように逮捕の六日後であり、風波の状況により、かなり時間がかかることもあった。以上から考えるに、広嗣は板櫃川の戦いの後、まもなく逃亡の態勢に入ったとみられる。

広嗣を捕まえたのは無位の阿

倍朝臣黒麻呂(くろまろ)という人物で、彼は「進士(しんし)」と書かれている。進士は自ら進んで軍に参加した者で、古代の征討軍にはしばしばみえている。この時も朝廷は広嗣を殺すことを恩賞を約束して呼びかけているから、進士が多数いたことが考えられる。黒麻呂は阿倍朝臣という氏姓から、有力豪族層出身であろう。

広嗣逮捕の報告は東人から十月二十九日に聖武天皇に発信され、十一月三日、天皇のもとへ届いた。詔して、「其の罪は明瞭で疑うべきはない。法によって処決し、然るのちに奏聞せよ」と返報されたが、この時すでに広嗣は処刑されていた。東人が十一月五日に発した報告によれば、十一月一日に肥前国松浦郡にて広嗣と綱手を斬ったという。広嗣、時に二十七歳前後と想定される。

松浦郡で処刑される

広嗣処刑の地は「肥前国松浦郡」というのみだが、『新日本古典文学大系　続日本紀』の脚注はこれを松浦郡の郡家とする。松浦郡は肥前国北部西部の広大な地域を占め、現在の佐賀県唐津市から、西は右にみた五島列島までその領域だった。郡家の所在地は明確ではないものの、『肥前国風土記』に褶振峰(ひれふりのみね)（鏡山(かがみやま)）が郡（まさに郡家のこと）の東にあり、鏡渡(かがみのわたり)（佐賀県唐津市の現松浦川(まつうらがわ)下流の辺りと考えられる）が郡の北にある等の記述があることから、現在の松浦川を河口から少し溯った辺りにあったと考えられ、千々賀古園(ちぢかふるぞの)

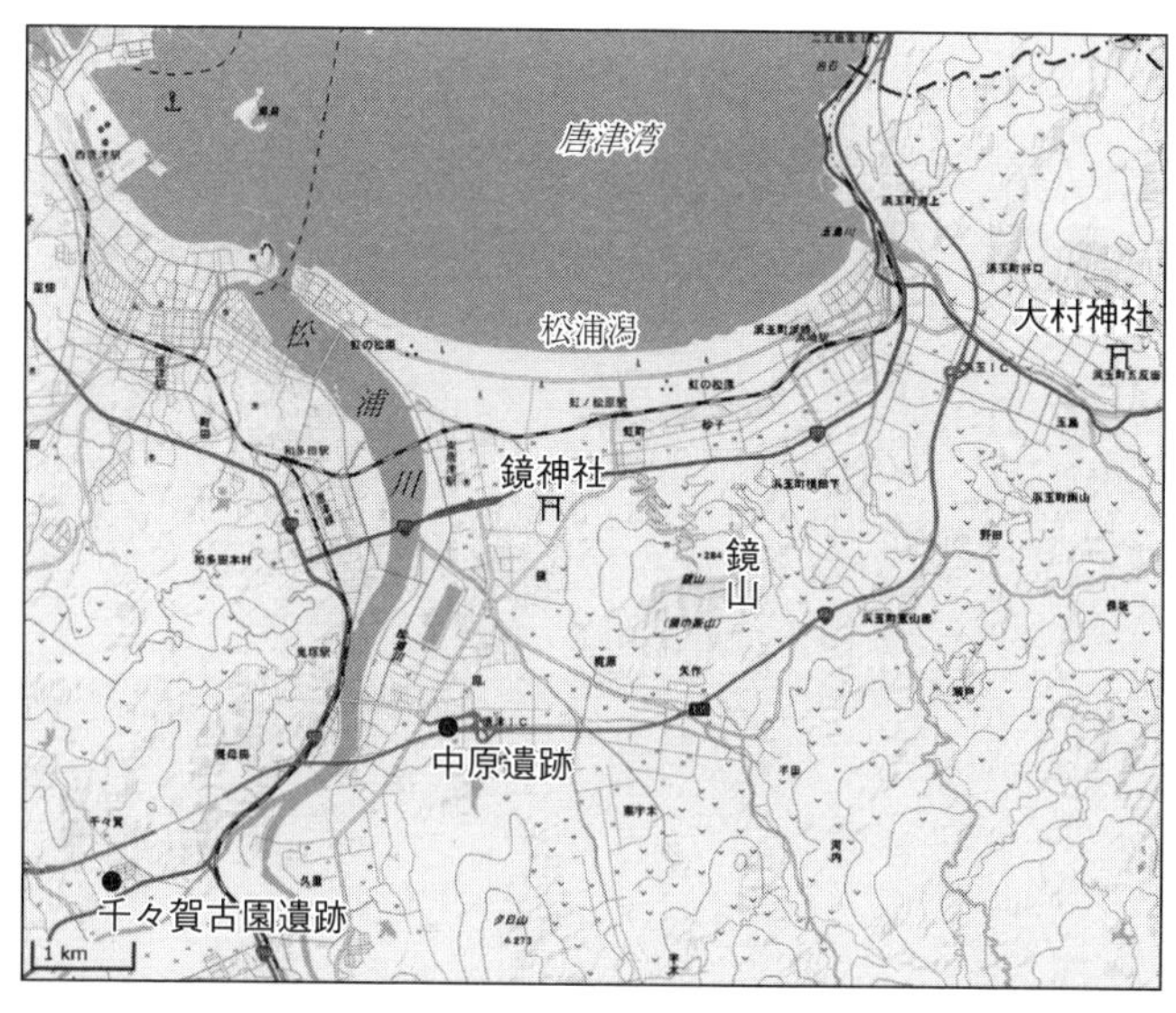

広嗣終焉の地付近（唐津市）（地理院地図に加筆）

遺跡や中原遺跡がその関係地として有力視されている。広嗣最期の地が松浦郡家、あるいはその近傍の場所である可能性は高い。というのは、この付近の地は今でも広嗣に縁が深いのである。唐津市鏡の鏡神社二の宮には広嗣を祀っており、また少し東方の唐津市浜玉の玉島川近くにある大村神社も広嗣を祀る。大村の地は古代には大村駅が存在したと考えられる交通の要処で、江戸時代には無怨寺という寺があった所である。これらは奈良時代に松浦郡に広嗣慰霊のため建てられた弥勒知識寺と何らかの関わりがあると考えられる。

『松浦廟宮先祖次第并本縁起』もこれらに関わる縁起書であり、それには広嗣の遺体は三日間虚空にあって電気を放ち、落ちた所が鏡宮であるとする記述がみえる。そのほかにも広嗣の最期をめぐる伝承はこの辺りに存在していて、詳しくはのちに触れるが、この地に広嗣を祀る神社やその死亡に関わる伝説が存在するのは、やはり広嗣がここで最期を迎えたことに由来するのだろう。広嗣はここまで連行されてきて処刑されたのである。

同行者菅成

広嗣・綱手処刑を報告した十一月五日の報告は、また「菅成以下従人已上及び僧二人」を拘禁して大宰府に置いたという。この書き方から「菅成」は従者と区別される特別な人物と考えられる。『尊卑分脈』には綱手の子として菅継という人物がみえており、宝亀四年（七七三）の従五位下叙位から『続日本紀』に現れ、諸官を歴任して延暦十年（七九一）に右京大夫従四位下で没しているが、『新日本古典文学大系　続日本紀』の注は菅成のことをこの菅継の幼名かとしている。それと別に広嗣または綱手の子か、広嗣の弟の可能性を説く説もあるが（高島正人『奈良時代諸氏族の研究』）、実は菅成は清成のことではなかろうか。

菅成は清成

清成は普通「きよなり」と読まれているが、「清」の字には「スガ」の読みがある。『日本書紀』神代八段では、スサノオが「出雲の清地」に至ったというとこ

鏡山から松浦郡家推定地方向を望む

ろで「清地、此をば素鵝と云う」と分注が付され、またスサノオは「吾が心清清し」と言ってここに宮を建てたというが、その分注でも「此今、此の地を呼びて清と曰う」と言っている。『古事記』上にも同様な話があって、「須賀」に至ったスサノオは「我心須々賀々斯（すがすがし）」と言って宮を作ったので、その地はいま「須賀」というとある。

清成は無位で生涯を終えており、乱との関係が考えられるから、清成が「すがなり」と読めるなら、菅成は清成のことと考えられるのである。もともとは菅成だったが、のちに清成と表記するようになったのではなかろうか。本書ではすでに第一から清成に「すがなり」の振仮名を付してきたが、それは以上の考えに基づいている。すなわち清成（菅成）も広嗣に従っていたが、一軍を指揮した綱手ほど役割は積極的でなく、そのため広嗣と同時に処刑されず、とりあえず拘禁してその後の処置を待つことになったのであろう。

なお菅継については『尊卑分脈』に「母従四下秦朝元女」とあるのだが、清成の子の種継についても『公卿補任』に「母従五位下秦朝元之女」とある。『尊卑分脈』でも種継の母を「養源女」、写本によって「秦源女」としており、秦朝元女の誤りとみてよいと思われる。つまり種継・菅継の母は姉妹か、または同一人ということになる。ならば二人の父も同一人、つまり菅継の父も清成であった可能性が出てくる。菅継の経歴を『続日本紀』で追うと、従五位下昇叙は種継の七年後で、その後の従五位上昇進は種継が八年後なのに対し十年後と、種継ほどぱっとしない存在だったが、種継暗殺後の昇進は早い。これらは菅継が種継の弟である可能性を支えると思う。もっともこれは可能性の一つであり、確かなことではない。

十一月三日には征討軍の軍曹海犬養五百依を遣わして広嗣の一味を大宰府まで護送してこさせたが、そのうちの「広嗣の従三田兄人等廿余人」による供述が先に述べた広嗣の海上逃亡の様子である。

広嗣の目的地

広嗣はどこに逃亡しようとしたのだろうか。五島列島は遣唐使の南路＝東シナ海を一気にわたる航路の出航地として有名だが、また朝鮮半島とも関わりが深い。貞観十八年（八七六）の大宰権帥在原行平の上申によると、この島は「大唐・新羅人」が来る時に経由するところで、貞観十一年に新羅人が博多湾で貢綿船を略奪した事件の時も賊はこの地を経ていたという（『日本三代実録』貞観十八年三月九日条）。五島から対馬への航路も存在したが、広嗣は東風を得て耽羅まで行ったのだから対馬とは目指した方角が違う。耽羅は円仁が朝鮮半島西岸沿いに帰国した時にそこを見ながら航海しているように（『入唐求法巡礼行記』）、朝鮮半島西岸方面との経路上にもあたっていた。

節度使体制下では百石以上積載可能な船の建造が命ぜられ、またその時に宇合の制定した警固式によって博多大津に船を備えていたので、広嗣はその軍船を徴発したことも考えられる。それでもそういった船は沿岸防備用であり、東シナ海を一気に渡ることは考えにくい。広嗣の目指したのは、耽羅そのもの、あるいは朝鮮半島西岸の地域だったと考えられる。朝鮮半島西岸地域はかつて日本と友好的な間柄だった百済の故地である。だが実際には耽羅付近から吹き戻された。東風が吹いていたのに船は進まなくなったということについては、風向きや船の種類といった状況から耽羅島への接岸が不可能だったとの推測もあるが、やはり船に乗り込んでいたであろう海民が、これ以上の逃亡行為に荷担するのを恐れたのではないだろうか。律の八虐の一つに「謀叛」があり（「謀反」とは別）、その例として「本朝に背き、将に蕃国に投ぜんとす」（名例律謀叛条疏）というものがある。広嗣とともに耽羅に上陸する、あるいはさらに先の朝鮮半島に向かうことは、それを手助けすることになってしまい、船を動かす者たちに重罪を予感させることだっただろう。

四　乱の処置、乱の背景

藤原不比等の封戸を返上

かくして広嗣の乱は終息した。翌天平十三年正月十五日、藤原氏はかつて不比等が賜った封戸五千戸を返上した。そのうち二千戸は元どおり賜い、三千戸は諸国国分寺に施入して丈六の仏像を造る料に充てたという。広嗣の乱に対して藤原氏の謝罪の意を表したものだが、この封戸は慶雲四年（七〇七）に文武天皇から賜ったもので、その際に三千戸は辞退して二千戸になっていたはずであり、この返上とその処置については色々な解釈があって、藤原氏が実際にはこれによって封戸を減らしていない可能性がある。

そして同正月二十二日、広嗣の与党で捕らわれた者たちに関わる処罰が決定した。それによれば、死罪二十六人、没官五人、流罪四十七人、徒罪三十二人、杖罪百七十七人、合計二百八十七人が刑に服することになった。なおそれ以下の笞罪もあったと思われるが、『続日本紀』には省略されているのだろう。第三で触れたように同時に中臣名代ら三十四人を召喚しており、彼らは法曹関係者とみられるから、乱の決着によってただちに彼らが西海道の現地で活動を開始し、刑を決めていったのだろう。

賊盗律の規定に「凡そ謀反及び大逆せらば、皆斬」（謀反条）とあり、この「皆」は首従を分かたないということだから、役割が随従的であっても自らの意志で広嗣に従っていた者は死罪となったであろう。

広嗣与党の処罰

没官とは官に没収することで、人の場合は官の賤民にされる。賊盗律の規定では謀反の罪を犯した者の父・子・家人は没官されることになっており、これは犯人の親類縁者が罰せられる、いわゆる縁坐である。流罪も、律の規定では縁坐によるもので、謀反人の祖父・孫・兄弟は流罪となった。広嗣弟の良継は伊豆国に、田麻呂は隠岐国に流されており、縁坐によるものだろう。一方奈良時代のほかの反乱・謀反事件をみると、死罪が減刑されて流や徒罪とされた場合があるから、没官・流罪には減刑によるケースもあっただろう。

徒罪は三十二人だが、謀反に対する刑罰や縁坐にはもともと徒はない。賊盗律には、口先だけの反意で計画・行為の実態がなければ徒に処する規定があり、その適用かともされる。広嗣の行為に興奮して、付和雷同して騒いだだけの者がいた可能性はあろう。しかし右のように減刑による場合もあると思われる。次の杖罪も、広嗣を支持する言葉を思わず言ってしまったなどの行為が考えられるが、何らかの減刑による場合もあろう。

このほか律には正規の手続きなく兵を発した場合には、発兵人数に応じ処罰される規定があり（擅興律擅発兵条）、唐律によればそれに対応して兵を給与した者も罰せられる。日本律のこの条は逸文だけなので給与した者への処罰については不明だが、おそらく同様の規定があったと思われる。広嗣の発兵命令に応じて軍団兵士等を出した国司や軍団幹部などはこれに問われた可能性があり、右の処罰者の中にはその適用があるのではないか。

なお律では、このような重大な犯罪において情をともにせず、「駈率」すなわち無理矢理駆り出された者については罪に問わないことになっている（賊盗律謀叛条）。動員された軍団兵士らの多くはこれによって罪に問われなかったと思われる。

橘奈良麻呂の変と藤原仲麻呂の乱の処罰者

広嗣の乱は双方とも一万人以上の大軍が動員され、終息まで二ヵ月かかった大規模な内乱であった。一方、天平宝字元年（七五七）に起こった橘奈良麻呂の変や同八年の藤原仲麻呂の乱では多くの処罰者を出した。奈良麻呂の変では当事者として処罰された者および縁坐者はすべてで四百四十三人という史料があり（『続日本紀』宝亀元年七月癸未条）、また仲麻呂の乱では斬にあたる者だけでも三百七十五人といい（『日本後紀』延暦十八年〈七九九〉二月乙未条）、和気清麻呂の姉法均の諫言を称徳天皇がいれて、流や徒に減刑したという。この二つの変乱はいずれも短期間に決着がついてはいるが、ともに権力中枢をめぐる深刻な対立によって引き起こされたもので、多くの者が関与し、また巻き込まれたのである。

広嗣与党の氏名判明者

これらに比べると、広嗣の乱は規模が大きかった割には処罰者がさほど多くないとも言える。いま乱に登場する広嗣側の人名をまとめてあげると、次のようになる。

広嗣の弟　藤原清成（菅成）、藤原綱手（豊後国より五千人を率い進軍）

大宰府官人　小長谷常人（大宰史生従八位上。京都郡鎮長）

隼人の族長　贈唹多理志佐（ただし官軍に降伏）

その他　三田塩籠（板櫃鎮大長）、凡河内田道（板櫃鎮小長）、多胡古麻呂（田河道より進軍）、三田兄人（広嗣の従）

このほか、緒戦で官軍に帰順した豊前国の郡司たちも、前章で述べたように当初は広嗣に徴発されていたとみられる。また名前はわからないが、乱後大宰府に拘禁された者の中に僧二人がいた。上表文に仏教の知識が色濃いので、広嗣の周辺には僧侶がおり、上表文の作成にも関わっていたことが考えられる。

弟清成と綱手

広嗣の弟で乱に関わったのは清成と綱手である。清成は前述のような推定になるのだが、役割は綱手ほど積極的でなかったにせよ、無位で生涯を終えているから死刑などの重い処罰を受けたのであり、広嗣の下で何らかの役割を果たしたのだろう。二人の年齢については、清成は子の種継が天平九年生まれであり、乱当時二十歳には達していただろう。綱手は、『尊卑分脈』の兄弟順（広嗣—良継—清成—田麻呂—綱手）を信じれば、田麻呂が乱の年に十九歳だったので、それ以下となる。しかし『尊卑分脈』の信頼性の問題もあり、確かなことは言えない。ここでは二人ともかなりの若年であるということにとどめたい。公式令（くしきりょう）は外官（げかん）として赴任する者の二十一歳以上の子弟が自らの意志で随行することを禁じ、ただ訪問することは許している。二十歳前後の二人がどのような経緯で西海道にいたか不明だが、朝廷は二人の下向を把握し、それは広嗣を警戒する一つの要因になっていただろう。

大宰府官人小長谷常人

次に大宰府官人として唯一確認できる小長谷常人は、天平十年「周防国正税帳」に防人部領使として従八位下の官位でみえており、連姓を持っていることがわかる。豊前三鎮の攻防においては、かつては常人のような中央からの赴任とみられ在地性が薄い官人による統率の限界が考えられていたが、旧京都郡の現地にはいま小波瀬川という川が流れ、明治から昭和にかけて小波瀬村もあった。この地名がいつまで溯るかわからないが、小長谷常人も在地との関係を持っていた可能性がある。

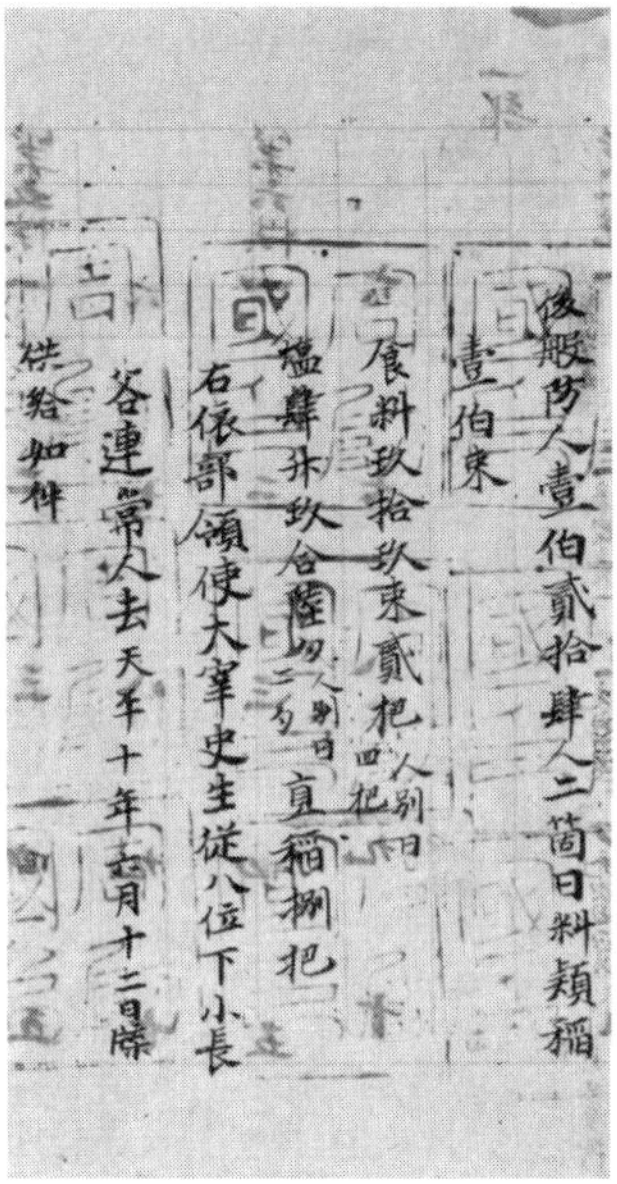
後般防人壹伯貳拾肆人二箇日料穎稲
壹伯束
食料玖拾玖束貳把 人別日四把
塩肆升玖合陸勺 人別日二夕 直稲捌把
右依部領使大宰史生従八位下小長
谷連常人去天平十年五月十二日
供給如件

正倉院文書「周防国正税帳」に見える小長谷常人（正倉院宝物）

隼人の族長贈唹多理志佐

贈唹多理志佐は、広嗣が隼人軍を率いて自ら前鋒だったように、広嗣から頼りにされていた。彼は天平十三年閏三月五日に行われた乱の功労者への行賞で外正六位上から外従五位下に叙せられており、その帰順は高く評価された。

その他の者

その他とした者はもともとの性格が不明である。三田塩籠については、豊前国に三田首氏の例とされる史料があり、おそらく豊前国の豪族出身者だろうが、その史料は「三由」とあるのを「三田」と判断しているもので（石清水文書。『寧楽遺文』所収）、一方大倭国にも三田首の例があるので確実ではない。凡河内氏は河内・摂津・和泉を本拠とした豪族だが、このころ有力な官人はいない。以上二人は鎮の大少長だったので、小長谷常人と同様に大宰府等の下級官人だったかもしれない。最後まで広嗣に従った三田兄人はおそらく塩籠の同族であろう。また一軍を率いる役割を担った多胡古麻呂はほかにみえない人物である。多胡氏そのものも七、八世紀の史料に稀にしかみえない。以上四人とも有力氏族とは言えず、西海道の豪族出身者か、広嗣が都から連れてきた従者だった可能性が考えられる。

西海道豪族または広嗣の従者か

広嗣方の構成

こうしてみてくると、広嗣に従ったのは、若年の弟と大宰府下級官人、地方豪族、隼人、従者たちがあげられ、あるいは想定される。しかし豊前国の郡司もすぐに離反したように、地方豪族も強く支えたわけでもなく、隼人の族長も離反した。また大宰府や西海道諸国の公的組織が広嗣に利用されたことは明らかだが、その官人については小長谷常人以外には明確な例が見出せず、大宰府や国司の四等官など有力な官人層が現れてこない。広嗣逃亡の様子を供述した者たちの代表に名があがっているのが三田兄人だったことからみても、有力官人たちは一度は広嗣に従ったとしても、最後まで運命をともにすることはなかったのだろう。中には挙兵当初に広嗣に従わず、殺された者もいたかもしれない。

阿部子嶋

ここに一人、大宰府官人で注意したい人物がいる。阿倍朝臣子嶋（あべのあそんこしま）という人物である。天平十三年閏三月に乱の功労者への叙位が行われ、大野東人への従三位叙位などがあった時に、子嶋は正六位上から従五位下に昇っているのだが、彼は近い時期に大宰府の官人だった。すなわち「周防国正税帳」には彼が天平十年六月周防国を通過し、食稲（じきとう）・酒・塩の供給を受けたことが記録されている。その肩書は「大宰大監（だざいのだいけん）正六位上」で、また「下伝使（げでんし）」とあるので山陽道を西に下っており、大宰府に赴任するか、帰任の途中である。広嗣の大宰府着任は天平十一年二月ごろのことだったから、子嶋が広嗣と同時期に大宰府にいた可能性は高く、乱当時もまだ在任中だったかもしれない。そして彼の大宰大監という官は大宰府の判官（じょう）であり、少弐のすぐ下に位置し、その職掌には「府内を糺（ただ）し判ずる」ことと「非違（ひい）を察する」ことがある（職員令（しきいんりょう）大宰府条）。

このような地位にあった子嶋は、乱によって難しい立場になるのではないか。乱当時には離任していたとしても、問題視されかねないだろう。またこの叙位は必ずしも全員が乱の直接関係者とは言えないのだが、それでも問題になるような立場だったらここでの叙位はないだろう。しかし叙位があったのは、むしろ子嶋は広嗣についての情報を朝廷にもたらしたか、あるいは何らかの反広嗣の行動をとり、それが評価されたのではなかろうか。

大宰府の廃止と復置

その大宰府は天平十四年正月に廃止された。大宰府の機構が広嗣の反逆に利用されたため、組織そのものが解体されたのである。代わりに十五年十二月、筑紫（つくし）に鎮西府（ちんぜいふ）を設置し、従四位下石川（いしかわ）朝臣加美（かみ）を将軍に任命、副将軍以下も任命された。鎮西府は大宰府の担っていた外交と防衛の機能のために設置されたと考えられるが、その活動時期は短く、十七年六月に至り大宰府が復活している。

乱の背景

最後に乱の背景についてまとめ、あわせて広嗣の人物像について触れておきたい。

広嗣の主張

広嗣の主張は第四で述べたとおり、結論的には玄昉・真備を除くことだが、そこには二人を重用する聖武天皇への厳しい批判があり、その中には疫病による社会の疲弊への憂慮、対外関係をめぐる軍事政策への批判も強く存在していた。なお広嗣の不満の原因には、藤原氏の退潮や自身の境遇のことがよく言われるが、藤原氏の退潮は四子の突然の死による早すぎる世代交代のゆえだから、律令制ではやむをえない側面があり、むしろ上表に諫諍的色彩が濃いことから、聖武天皇が藤原氏から離れていくかのようにみえることに危機感を抱いたのかもしれない。また左遷への不満や、藤原氏内部での孤立による焦燥感もあろうが、上表文の前文に儀礼的ではあるが自氏の殊遇への感謝も記されているように、そのような個人的理由は表に出されていない。かかる個人的理由は広嗣を衝き動かした一つの要因であったとしても、基本的には疫病後における玄昉・真備の重用や政策に対する不満が、聖武天皇への批判をともなって現れたのが広嗣の主張であろう。

疫病大流行の一結果

玄昉・真備の排除は結局実現したとも言えるし、対外関係に関わる軍備の問題についても広嗣の意見が独特だったわけではない。疫病は弱まったとはいえ、貴族・民衆を問わずさまざまな悪影響が社会に残り、人々の不満は渦巻いていただろう。広嗣の政治に対する意見は彼の独りよがりではなく、多くの共感する人間がいたことが広嗣を後押しする方向に働いたと考えられる。広嗣の乱は、疫病大流行がもたらしたさまざまな歴史的結果の一つであった。

上表提出と朝廷の対応

広嗣の意図としては、厳しい天皇批判は諫諍のつもりであり、したがって上表文の提出は正当性を理解してもらうための必須の手段で、早く提出する必要があった。この上表によって天皇やその周辺の理解、都の貴族たちの支持を期待したのであろう。

しかしそれは朝廷の素早い対応を生んだ。上表文の内容から、朝廷は広嗣の「反」を認定して征討に踏み切ったが、朝廷としては、上表の内容が当時の情勢として共感者を得られることや、西海道で広嗣が軍を動員できることを重大視し、ただちに大軍を派遣したのであろう。都で広嗣に同調した動きは確認できないが、こういった政府の積極果断な対応により、広嗣呼応の気運は広がらなかったのだろう。

厳しい天皇批判

広嗣は結局強い支持を得られず敗れたとはいえ、厳しい天皇批判はそれだけで奈良時代史上、注目すべきことである。また朝廷の対応が大規模だったことや、西海道における反政府的状況、広嗣が一万を超える大軍を組織したことからみて、乱の広がりを過小に評価してはならないと思う。

広嗣への共感

広嗣の動員は彼の大宰少弐としての権威によるものだけではなく、西海道に広嗣への共感があったのだろう。広嗣への共感が西海道に残ったことは、第七で述べるように広嗣に関する伝承が発生していることや、「本縁起(ほんえんぎ)」に「筑(ちく)前介(ぜんのすけ)南淵深雄(みなみぶちのふかお)・内竪礒上興波(ないじゅいそのかみのおきなみ)等、主公(あるじのきみ)を慕(した)いて伝う」とあることから確かに言えると思われる。そこには、律令国家の厳しい収奪という一般的環境とともに、磐井の乱のように西海道が反乱の歴史を持っていたこと、隼人の反乱も古くはないこと、対外的緊張に晒されてきたこと、疫病では最も被害を蒙っているうえに、負担の軽減は少ないこと、等が関係しているのだろう。

広嗣はしかし、このような西海道に存する不満・反発を大きなうねりに高めることができなかった。広嗣の結論的主張が玄昉・真備の排除であることは、どれだけ西海道の人々の心に響くものだったか疑問であるし、上表文であげている疫病の惨禍、対外問題は西海道にとって大きな問題とはいえ、上表文の書き方は地元に寄り添ったものとは言えない。したがって西海道の豪族層などから堅固な支持を得られていたわけではなく、朝廷が積極果断な対応をみせ、軍事的に立ち遅れた広嗣が優位な情勢を作り出せなかったことが、彼らの離反を招いたのだろう。

広嗣の性格についての見方

乱の背景に広嗣の性格を強く絡める見方もある。広嗣の人物像については、「本縁起」などの説話に由来する鋭い才人という見方がかつてはあったが、坂本太郎氏がそれを批判し、『続日本紀』によるかぎり、才人ではなく、向こう見ずで、一本気な坊ちゃん、独善・強情の性格でこそあれ、変通・機敏の才などとはおよそ無縁であり、乱も朝廷の筋書きに乗せられたものとし（坂本太郎「藤原広嗣の乱とその史料」）、森田悌氏も、広嗣は思いどおりにいかないと自制できない性格とし、坂本説なども引きながら、乱は「広嗣の思慮欠如という性格に起因する」と手厳しい（森田悌「藤原広嗣の乱」）。

続日本紀記事の危険性

しかし、説話に惑わされてはいけないことはもちろんだが、『続日本紀』の乱記事も、反逆者として広嗣の悪人性・愚かしさを印象づけようとしている危険性をもっと意識すべきだろう。広嗣の性格に触れる『続日本紀』天平十二年九月癸丑条の勅の表現は割り引いて考えるべきとされてはいるが、広嗣の性格を述べた部分は、割り引くなどということではなく、第三で述べたように、そもそも拠るべきではないと思われる。それ以外の部分についても、当然広嗣をマイナスの印象で描こうとしているのである。板櫃川でのやりとりの記事は実録的だが、大野東人の報告は広嗣の発言すべてを記録しているとは限らない。

広嗣の歌

『万葉集』巻八には広嗣の歌一首があって、これも広嗣の性格に関わる資料として引かれることがある。

藤原朝臣広嗣の桜の花を娘子に贈る歌一首

この花の一枝のうちに百種の言そ隠れるおほろかにすな（一四五六）

（この花一枝の中にたくさんの言葉がこもっています。おろそかにしないでください）

女性からの返歌は次のとおり。

娘子の和ふる歌一首

この花の一枝のうちは百種の言持ちかねて折らえけらずや（一四五七）

（この花の一枝の中はたくさんの言葉を持ちきれなくて、折られてしまったのではありませんか）

広嗣の歌の評価

広嗣の歌は好評価もあるが、押しつけがましく、命令口調があって、女性に対する高飛車な態度が評判を落としているようである。それに対し女性の返歌は相手の言葉を使ってみごとに切り返したものとして賞賛されることが多い。坂本・森田氏とも尾山篤二郎『大伴家持の研究』の見解を参照しているが、同書では「広嗣の性格は、その上表文に依ってしても、可成高飛車な、奈何なる人にも降らない男であったと云ふことは、万葉集巻八に僅かに遺ってゐる次の一首を見ても解る（中略）斯くの如く元来優しかるべき恋愛の情を述ぶるにすら、「おほろかにすな」と相手を見下して命令するのである（中略）斯う云ふ歌を作る男の性格がどういふものであったかは大抵想像がつく」と述べられている。

評価への疑問

しかしそもそも正面から広嗣のことばを受けとめてよいのだろうか。相手の女性から簡単に皮肉られているのである。「女性の気持ちを解しない不器用な態度のように思われる」（阿蘇瑞枝『万葉集全歌講義』）と言われるように、不器用ともみられるし、これは遊びであって「許容しあった親愛関係の上に立って、男も女もからかいあっている」（伊藤博『万葉集釈注』）という解釈もある。

近年では西別府元日氏が、「この詠歌などをみれば、自己の思いを、実直・直截に表現するタイプであり、ともすればその自らが意識した枠組に拘泥し、これを他者にも「強要」する側面があった人物のようにも思われる」とし、女性の返歌のような「機知にとむ柔軟さに欠けていたところに、他者との摩擦がおこる一因があったのではなかろうか」と述べておられ（西別府元日「藤原広嗣」）、思いを実直・直截に表現するという点は、上表文を出して政治を批判したというところからみて同感であるが、それ以外については、やはりそこまで読んでよいものかという感が残る。

広嗣は、能力的な面をみると、少なくともその官歴は評価できるものであり、変通・機敏の才と無縁というのも、一時的にでも朝廷に対抗する大軍を動員したことからみれば言い過ぎなのではないかと思われる。しかし都で同調する動きが出なかったことや官軍に対して遅れをとったことには、見通しの甘さが認められるだろう。上表の内容は、当時の醒めた人間が読めば、諫諍に溺れ、現実から遊離していると映ったかもしれない。

そのころの全般的状況からみると、若年の五位貴族の身でここまで自分の思いにこだわり、挙兵にまで至ったことには、独善的性格を見出すこともできるかもしれないが、大胆、執念という語を使えばまたイメージも変わってくる。

広嗣の特異性

史料の少ない古代史で個人の性格を見極めることは難しい。性格をどうみるにせよ、また彼の意見をどう評価するにせよ、日本古代に変乱が数多い中、上表を送りつけて厳しい政治批判を展開し、立ち上がったというところに広嗣の特異性があるということは言えるだろう。また乱は一定の広がりをみせ、広嗣への共感が残り、また広嗣の願いはのちになって実現したとも言える。広嗣の乱には、やはり政治的・社会的背景が大きな意味を持って関わっていたと考えたい。

第六　乱後の世界

一　行幸から遷都へ

聖武天皇の関東行幸

話は乱の最中にさかのぼる。板櫃川の戦いで大勢がほぼ決したが、まだ広嗣が逮捕されていない天平十二年（七四〇）十月十九日、造伊勢国行宮司が任命された。そして二十六日、聖武天皇は大将軍大野東人らに「朕意う所有るに縁りて、今月の末暫く関東に往かむ。その時に非ずと雖も、事已むこと能わず。将軍これを知りて驚き怪しむべからず」（『続日本紀』同日条）との勅を発し、二十九日行幸に出発した。有名な関東行幸の始まりである。天皇はこの行幸に引き続き、恭仁・難波・紫香楽に次々に遷都し、結局天平十七年に平城京に戻ってくる。彷徨という言い方もあるこの間の経過については、行幸は広嗣の乱を受けて行われたとする見方と、乱以前から計画されていたという見方があり、後者の場合、行幸は恭仁への遷都とその先にある大仏造立へ向けて行われたと位置づけられることが多い。近年は滋賀県大津市の膳所城下町遺跡における大型建物跡発掘により、計画済みだったとする見方が強くなっているようである。この建物は、その規模・構造や、短期間のうちに解体された可能性のあること、また遺物から年代は八世紀第二四半期頃に絞り込める可能性があることなどから、この行幸時の禾津頓宮跡とするのが妥当とされ、行幸には周到に事前準備が図られた計画性が見出されるとされた（滋賀県教育委員会事務局文化財保護課ほか『膳所城下町遺跡』）。この建物は禾津頓宮にあたる可能性はあるだろう。ただしここではまず『続日本紀』を中心に、実施された行幸そのものをみていきたい。

騎兵を徴発

十月十九日の造伊勢国行宮司任命に続き、二十三日には塩焼王を御前長官、石川王を御後長官とし、藤原仲麻呂を前騎兵大将軍、紀麻路を後騎兵大将軍に任命、騎兵として東西史部・秦忌寸等四百人を徴発した。行幸に騎兵が従うのは七世紀末から八世紀初期にみられるが、その後ここまでみえていない。その時期にもまったくなかったわけではなかろうが、今回騎兵四百人が徴発され、しかも前後騎兵大将軍が置かれるというのは、特別な処置である。東西史部・秦忌寸という氏族の武力を徴発しているのは、乱の最中なので衛府や諸国の騎兵を動員するのに限界があったからである。

河口頓宮に到着

行幸初日は山辺郡竹谿村堀越に頓宿した。現在の奈良市都祁友田町の辺りで、大和高原の中に開けた小盆地である。ついで伊賀国名張郡、伊賀郡安保頓宮にそれぞれ泊まり、十一月二日、伊勢国壱志郡河口頓宮に至った。現在の三重県津市白山町川口である。ここは関のあった所で、この頓宮を関宮といった。翌三日、天皇はここから少納言大井王らを遣わして伊勢神宮に幣帛を奉った。そしてその当日、九州の大将軍大野東人から広嗣捕獲の報告が届いたのである。天皇はこの頓宮に十泊も滞在する。滞在中の四日には近隣の和遅野で遊猟もあった。東人からはさらに広嗣処刑の五日付けの報告が届いたが、それは滞在中の九日ごろのことであろう。

伊勢神宮に奉幣

赤坂頓宮に到着

十一月十二日に河口頓宮を出発した一行は、壱志郡を経て十四日に鈴鹿郡赤坂頓宮に至った。鈴鹿関の関連箇所あるいは近傍と考えられる。天皇はここでも九泊と、長期滞在する。この間、二十一日に陪従の文武官や騎兵・子弟らにそれぞれ位一級を賜う（騎兵の父には陪従していなくとも二級）という大規模な叙位を行った。その中には広嗣征討のため西海道に勅使として赴いていた佐伯常人・阿倍虫麻呂もみえており、彼らが早くも帰還し、行幸の列に加わっていたことがわかる。

赤坂頓宮を十一月二十三日に出発し、朝明郡、桑名郡石占を経て北上、二十六日、美

不破頓宮に到着

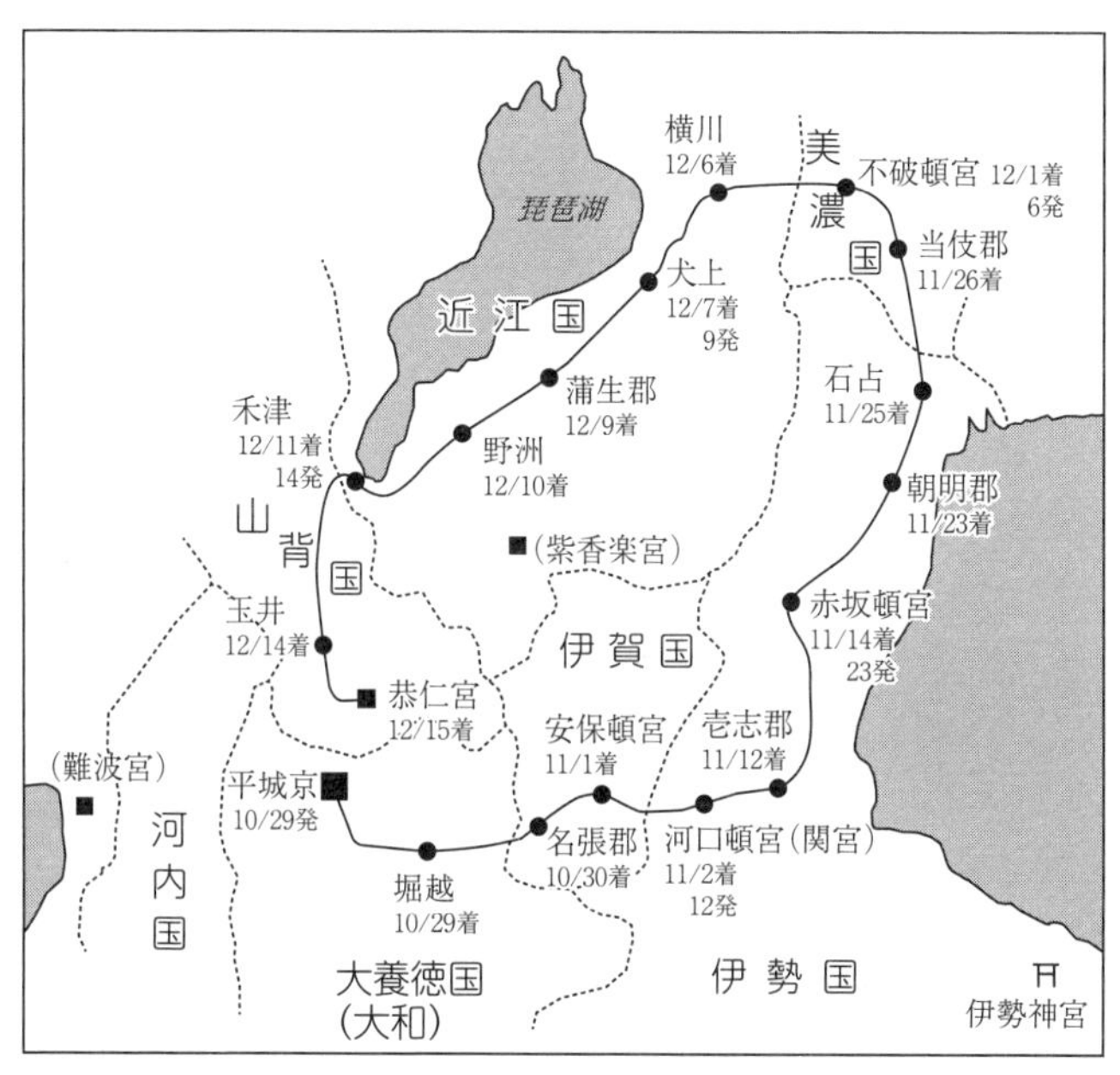

聖武天皇の関東行幸

濃国当伎郡に至った。かつて元正天皇はここに行幸し、多度山の美泉を賞して養老と改元している。聖武天皇もここに四泊し、十二月一日、不破郡の不破頓宮に至った。

不破は東山道の要衝で、不破関があった。壬申の乱では大海人皇子(天武天皇)が本営を置いてついに勝利を勝ち取った記念すべき土地である。天皇は不破に五泊滞在し、その間近隣に行幸、また美濃国府を巡観した。四日、騎兵司を解いて京に還らせ、天皇一行は六日に出立、近江国へ出て琵琶湖沿いに南下する。随従していた右大臣橘諸兄は先発して山背国相楽郡恭仁郷に向かった。『続日本紀』はその事情を「遷都を擬ることを以ての故なり」と記している。天皇は途中近江国志賀郡禾津に三泊し、志賀山寺に幸して仏を拝するなどしたうえ、十二月十五日に恭仁宮に到着した。出発から足かけ四十六日、長い旅はここで終わり、天皇は平城京に帰らない。

恭仁宮に到着

日程の特徴

行幸全体を振り返ると、日程で特徴的なのは、河口で十泊、赤坂で九泊、不破で五泊と、関の所在地で長く滞在していることで、たんに滞在が長いだけでなく、河口では神宮奉幣と遊猟があり、赤坂では節目と言える大規模叙位を行っており、関所在地が主要な行幸先として設定されていたことがわかる。これに関連し、出発前に大野東人らにあてた勅の中で「関東」に往くと言っていることも注意されよう。「関東」は関の東を指す語だが、これが日本における初見のようで、当時としては珍しい用例になる。もともと中国で古来要衝であった函谷関の東を指した名称であり、その原義が意識されているとみられ、関への関心がここにも現れている。

関

鈴鹿関・不破関はいわゆる三関のうちであり、反逆者が脱出して東国を掌握することを防いだ。壬申の乱では逆に大海人皇子が鈴鹿・不破を固めて東国と近江朝廷を遮断し、東国の軍事力を掌握したことが、その勝利の原動力になった。河口関は平城宮跡出土木簡にも「川口関務所」がみえ、名張盆地から東へ向かい布引(ぬのびき)山地を伊勢国に越えて下った所に置かれた関である。平城太上天皇(へいぜいだじょうてんのう)の変（薬子(くすこ)の変）では、平城太上天皇は「川口道」をとって東国に入ろうとしており、河口関も重要な役割を負っていたと言える。軍防令には関に兵士を配置するとし、三関は国司(こくし)が守固することになっていた。鈴鹿・不破関については史料や発掘調査から構造の一端が明らかになっており、たんなる交通検察の場ではなく、軍事的要害だった。仲麻呂の乱の時、仲麻呂は越前に入るために三関

「川口関務所」の名が記された木簡
（平城宮跡出土，ColBase より）

不破関復元模型（関ヶ原町不破関資料館展示．関ヶ原町歴史民俗学習館提供）

の一つ愛発関を精兵数十をもって攻め破ろうとしたが果たせなかったという例もある。

河口頓宮は関宮といったので、河口関自体が頓宮だったのだろう。赤坂・不破についても同様の可能性があるが、そうでなくとも関を背景にした滞在は、警戒を強めていることと同時に、そこに拠っていること自体で軍事的威圧感を示すものだった。主要な行幸先には国司や在地首長が集まり、さまざまな儀礼が行われただろうが、その場所自体が特に威圧効果を発揮する所だったのである。なお河口滞在中に遊猟があったが、こういった狩猟も大地に対する支配権を象徴する行為であるとともに軍事演習的意味合いがある。

ただし関所在地三ヵ所での宿泊は全部で二

十四泊にものぼり、いくらそれらを巡るのが主眼とはいえ、他の行幸例と比べても、あまりに長い。ここには日程調整の意味も含まれていたと思われる。それについては後述したい。ともあれ多数の騎兵を従えていることと、このような関を中心とした行程は、この行幸に著しく軍事的性格を与えている。これはやはり広嗣の乱が起こったことによるものであろう。

行幸の軍事的性格

大伴家持歌の題詞

『万葉集』にはこの行幸時の天皇や随従者の和歌がいくつか収載されているが、巻六のその一群の歌の冒頭、内舎人として随従した大伴家持の歌（一〇二九番）にある題詞は「十二年庚辰冬十月、大宰少弐藤原朝臣広嗣の謀反に依り、軍を発し伊勢国に幸しし時、河口行宮にて内舎人大伴宿禰家持作れる歌一首」と書かれている。この題詞は行幸が広嗣の乱を契機にして行われたという認識を示している。この認識は軽視すべきではなかろう。

ところでその題詞の原文「依大宰少弐藤原朝臣広嗣謀反発軍幸于伊勢国之時」は、普通「大宰少弐藤原朝臣広嗣謀反して軍を発するに依り、伊勢国に幸しし時」と、「発軍」の主語を広嗣にして読まれているが、右に書いたものは「発軍」を下に続く語とし、聖武天皇を主語にして読んでみたものである。「軍」という語は政府側・反乱側いずれにも使われるが、軍防令で勲簿に敵味方の兵数を記載することについて「官軍賊衆の多少」（中勲簿条）とするように、どちらかというとこれは政府の組織に対する言い方である。「軍を発す」というのも公的な行為を指す感が強い。『続日本紀』に広嗣の挙兵を「起レ兵」と記し、それに対する朝廷の動員については「徴二発東海…五道軍一万七千人一」と書いているのもいい例だろう（天平十二年九月丁亥条）。このように下に続いていく言い回しとみれば、この軍というのは広嗣征討軍のことではなく、行幸における前後騎兵大将軍に率いられた騎兵を指すことになるだろう。「大将軍」に率いられるのだから、立派な「軍」である。つまりこの題詞は、騎兵を特別に多数動員したこの行幸にみられる軍行的特徴を言い表していることになる。

行幸の計画性について

　ここで行幸の計画性について触れると、行幸前に大野東人らにあてた勅の最後に「将軍これを知りて驚き怪しむべからず」と言っていることが興味深い。この勅は謎めいたものとして有名だが、少なくともこの部分は行幸が東人の知らないもの、または意外に思うものだったことを示している。しかし東人は実はこの時大養徳守であった。それは天平十一年参議任命時に大養徳守であり、乱後の十三年閏三月にも大養徳守としてみえるので確実である。平城京を出た行幸の列は当然大養徳国内を通る。また最初の宿泊地はまだ大養徳国内である。この行幸が以前から計画済みのものをそのまま実行するのなら、東人は知っていたはずであり、「驚き怪しむ」可能性はない。したがって行幸は東人の出征後に新たに計画されたか、あるいは、以前から計画があったが乱のために延期などの変更がなされていたものを急遽この時点で行うことになったということが考えられる。さらに次に述べるような行幸の意義をふまえると、もともと後日に計画されていたものを前倒しして実施したということもありえるだろう。いずれにせよ、何らかの計画があった場合でも、右にみてきた状況からそれは広嗣の乱によってかなり内容を変えて行われることになったとみられよう。

東国行幸の歴史

行幸は、しばしば言われるように壬申の乱における大海人皇子の行程やその軍の進軍路と似通っており、それが意識されている。一方、壬申の乱以後も持統天皇は持統六年（六九二）に伊勢国へ行幸し、また大宝二年（七〇二）には太上天皇として参河国へ行幸、尾張・美濃・伊勢・伊賀を経て帰京した。元正天皇も養老元年（七一七）に近江国経由で美濃国へ行幸し、不破行宮に滞在した。翌年には伊賀・伊勢・尾張国経由で美濃国へ行幸している。東国は天武天皇に始まる政権の成立に寄与し、以後も三関が置かれたように重大な軍事的意義を持ち続けた。持統天皇も元正天皇も、こういった東国の重要性に鑑み、天武天皇の後継者として現地に姿を現して東国を掌握し、朝廷内外に向けて権威をあらためて固めたのである。

東国の掌握

聖武天皇の関東行幸も基本的には同様の目的を持っていたと考える。特に広嗣の乱は壬申の乱以来の内乱であった。壬申の乱で東国の掌握が勝敗の要になったこと、その後も東国に注意を払ってきたことを思えば、この時に東国の状況が重大な関心事になったと考えるべきだろう。出発前の勅に言う「その時に非(あら)ずと雖(いえど)も」の語については、東国を掌握するという目的に照らせば、その時でないとは言えないのだが、そういった目的のためならば使いを派遣するという方法もある。天皇自身が動くのは乱の最中にはふさわしくないことから、「その時に非ずと雖も」と言ったのではなかろうか。

権威の高揚

この時に東国へ行幸したことについては、従来、乱に動揺したためという考え方があり、行幸の計画説に立てばこれは否定されるのだが、「その時に非ずと雖も」と言いながら出発したことから、聖武天皇の焦慮は認めてよいと思われる。天皇が自身で東国へ赴いたのは、自ら乗り出して東国の掌握をなしとげることによって、東国のみならず、朝廷内部に対し権威の高揚を果たすことも目指したからであろう。それは天皇に対する批判とともに内乱が起こったために、傷ついた権威を回復することが必要とされたからである。広嗣に対する心情的理解が貴族層の間に一定度存在することが、その背景に考えられよう。行幸の最中に乱の鎮圧が成ったことは、その意味ではまたとない朗報だった。

さて翌年正月元日、恭仁宮で朝賀(ちょうが)の儀式が行われたが、宮垣(みやがき)はまだできておらず、代わりに帷帳(いちょう)がめぐらされた。十一日には伊勢神宮と七道諸社に遣使(けんし)奉幣して「新京(しんきょう)に遷るの状」を報告した。閏三月十五日には平城の留守官(るすかん)に詔(みことのり)して、五位以上は許可なく平城に住むことを禁じ、いま平城に在る者は今日のうちに移らせるよう命じている。今日というのは今月の誤りかともされるが、戸惑っている官人たちを天皇が強制的に移らせようとしている様子がわかる。

急な遷都

このように遷都は急のことで、平城京の東西市が恭仁に移転したのは十三年八月、新京における宅地の班給(はんきゅう)は九月だった。恭仁宮の中心殿舎となる大極殿(だいごくでん)は平城宮のそれを移築するが、十四年の元日朝賀にも間に合わず、朝賀は仮の殿舎を建てて行われた。平城宮の兵器は十三年閏三月に甕原宮(みかのはら)に運ばせているが、恭仁宮の兵庫(ひょうご)に収められたのは十五年十二月になってからである。

また、この恭仁遷都には事前に準備の記録がない。七世紀末の藤原京(ふじわらきょう)遷都以来、平(へい)

安遷都に至るまで、遷都に際しては天皇の遷幸以前に公卿の視察とか、造宮司の任命とか、その他種々の準備がなされ、それが正史に記載されている。しかし『続日本紀』には恭仁宮・京について事前にそういったものがみえず、行幸中に橘諸兄が不破から先行した記事が遷都に関して最初にみえるものである。聖武天皇が恭仁宮に到着した記事には「始めて京都を作る」とあり、右にみた諸々の状況からも、この遷都が十分な準備を経たものだったとは思えない。ただし十三年初頭にすでに聖武天皇の内裏はできていたらしいから、造営はある程度前から始まっていたようである。

とすると、予定より早く遷都に踏み切ったことが考えられるが、むしろそれはもともと遷都ということでなく造営されていたものが、急遽平城京から移転する「遷都」先になったのであろう。恭仁宮跡は発掘が続いており、宮域は東西約五六〇メートル、南北約七五〇メートルの方形で、平城宮（約一キロ四方の正方形に東側張出し部がつく）よりもかなり小さいことがわかっている。恭仁京も、木津川が東西に貫流しているのは唐の洛陽城を意識した選地とみられるが、京域の真ん中には鹿背山がそびえ、中央部にまとまった平地を確保できない。風光明媚で木津川の水運の便はよいが、これまでの藤原京や平城京に比べると異質である。恭仁宮・京は唐の複都制にならい、洛陽を模して造営されたと言われるが、

副都から主都へ転換

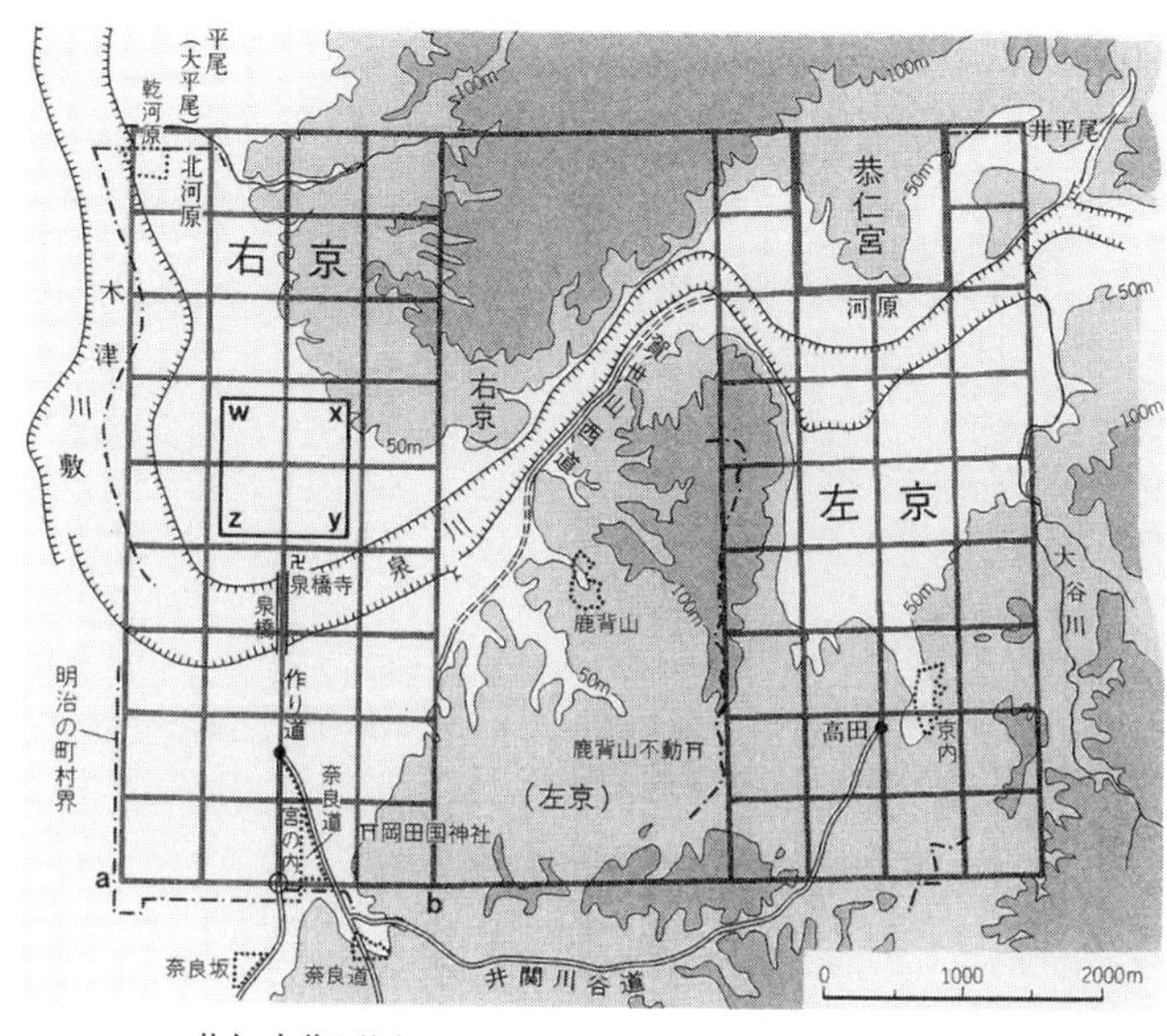

恭仁京復原図（『加茂町史　第一巻　古代・中世編』より）

それは副都（陪都）として造営されたという理解がある（瀧川政次郎「複都制と太子監国の制」、小笠原好彦「平城京遷都と泉津」）。副都と言っても日本におけるその実をどのように理解するか簡単ではないが、少なくともその規模・立地からみて、平城宮・京にとって代わるものとして構想されたとは思えない。しかしこのたびの恭仁への移動は平城からの一時的な移動ではなく、平城宮の大極殿を移築するなど、平城から恭仁へ主都が移ったものだった（舘野和己「日本古代の複都制」）。つまりそこには副都から主都へと、恭仁の位置づけの転換があったのである。このように考えれば、恭仁宮の造営の問題に規制されて、遷都が早くから計画されていたとみる必要はない。

行幸中に決定

その転換、すなわち遷都の方針が決まった時期（あるいはそもそも決まっていたかどうか）はわからないが、それを実施に移すと決めたのは、遷都が急だったことをふまえれば、それほど前のことではなく、さらに以下の理由から行幸中のことだったと思う。まず、行幸の出発日は太陽暦（グレゴリオ暦）に換算すれば十一月二十六日で、持統朝以降奈良時代末まで、畿外に出た行幸としては季節的に最も遅いうえ、恭仁宮到着日は同じく一月十日となり、相当寒い時期となった。行幸日数は全部で四十六日にわたり、これも同じ時期では、難波宮など一ヵ所での滞在を基本とする行幸を除けば最長で、近い数字に大宝二年の持統太上天皇参河行幸の四十五日があるが、持統は還幸直後に崩御してしまっており、よくない例である。経路には山間部を含み、今日でも雪で有名な関ヶ原もある。このように、どんどん寒くなっていく季節に、長期にわたってこのルートで行幸を続ける日程を初めから組むだろうか。これはやはり途中で長くならざるをえない理由が生じたためと考えるのが自然ではなかろうか。乱の動向をみた上で美濃行幸が行われたという見方があり、またそのために日程調整があったとの説もあるが、不破で五泊、隣接する当伎郡でも四泊しており、美濃国内も長いので、結局、最終目的地に向けて日程調整を行っているのではないか。つまり恭仁へこのまま遷都するという変更があったため、その受け入れ態勢を整える必要があり、主要な行幸先である関所在地等でそのための日程調整がなされたのだと考える。

恭仁遷都の目的

遷都は、聖武天皇にとって、某王の死、長屋王の変、疫病の惨禍といった厳しい政治過程の痕跡が染みついた平城京を離れ、新しい都で治政を展開することを目指したもので、広嗣の乱がその決定打になったのだと思われる。平城に戻らず、そのまま恭仁に遷都してしまったのは、天皇がよほど平城に還りたくなかったのと、東国の掌握と権威の高揚を果たした行幸の延長上に遷都を位置づけ、新都とそこに坐す王権の権威を高めたかったからであろう。遷都以後、国分寺建立、大仏造立等、仏教上の大政策が出され、また天平十五年五月に阿倍皇太子が聖武天皇・元正太上天皇の前で五節の舞を披露し、阿倍皇太子への皇統継承を強く推進しようとしており、新たな政治基調が新天地で展開されることになる。

さて恭仁宮・京の造営が続いている中、今度は十四年二月に恭仁京から近江国甲賀郡に通ずる道が開かれ、その八月には造離宮司を任命し、同郡紫香楽宮への行幸があった。そして十五年十月、紫香楽宮滞在中に盧舎那仏金銅像すなわち大仏の奉造の詔が出され、この地で大仏製作が始まった。しかし『続日本紀』天平十五年の末尾には、平城の大極殿・歩廊を恭仁宮に遷し造ること四年、やっとその功終わったが、用度の費えは計えきれず、さらに紫香楽宮を造ることになり、恭仁宮の造作を停めたと書かれている。

紫香楽と恭仁の造営は両立できず

紫香楽宮と恭仁宮・京の造営は両立できなかったのである。恭仁遷都は大仏造立と関係はあるだろうが、このように紫香楽・恭仁の並行造営が短期間で失敗に終わっていることから、遷都前に大仏造立への道程がどこまで入念に計画されていたか疑問である。

以後の経過はごく簡単にとどめるが、聖武天皇は翌十六年に難波宮に行幸、橘諸兄が難波京を皇都と宣言する。だが天皇はそれに先立ってまた紫香楽に移り、そちらに居続けて大仏造立に熱意を傾け、その間に紫香楽宮が主都としての位置づけとなった。しかし十七年になると紫香楽の周辺で反対派の策動と思われる山火事が発生し、地震も起こった。諸司官人や平城の大寺への意向調査ではみな平城に都すべしと答える。こうして

平城還都

聖武天皇は恭仁を経て平城に戻った。時に天平十七年五月十一日のことであった。

行幸・遷都と乱

行幸が乱以前に計画があったのか否か、断言は難しい。ここでは結果として広嗣の乱によってここまでみてきたような行幸とそれに続く恭仁遷都になったということを重視

聖武天皇の専制的方向

したい。仮にもともと計画があったとしても、行幸は広嗣の乱が起こったことにより、乱に対応した内容で実施された。そして、聖武天皇にとって権威を高め、過激に次の新しい治政を切り開く手段になったと言えるだろう。いま過激にと述べたが、行幸から遷都の経過には聖武天皇の強行的な姿勢が感じられるのである。また天平十三年九月三十日から十月二日にかけて天皇は宇治(うじ)と山科(やましな)に行幸したが、その時五位(ごい)以上は悉(ことごと)く従(じゅう)駕(が)したといい、専制的性格が認められる。厳しい天皇批判とともに始まった広嗣の乱を鎮圧したことが、こういった方向性を導くのに一役買っていると考えられる。

神宮奉幣の目的

最後に伊勢神宮奉幣について触れておこう。このたびの行幸は伊勢国への行幸として実施された。それは伊勢神宮への奉幣があったからであり、それがまた行幸全体の目的・性格とも関わり深いはずである。奉幣の目的については、広嗣鎮圧祈願、その鎮定(ちんてい)報謝(ほうしゃ)、行幸の安全祈願、恭仁遷都の報告、大仏造立の報告等、色々な説があるが、ここまでの見方をふまえれば、それは内乱の発生、自身の権威失墜の危機という状況下で、乱の鎮定と統治の安泰を祈願する、ということだったと思う。

後世の認識

後世のことになるが、源平合戦の折、官軍（平家(へいけ)軍）が北陸で源義仲(みなもとのよしなか)に大敗し、形勢不利になる中、兵乱が収まれば伊勢神宮へ行幸するとの話が持ち上がり、その先例としてこの聖武天皇の行幸があげられている。これは『百練抄』と『平家物語』にみえ、『平家物語』ではそれに合わせて広嗣とその乱に触れている。『水鏡』にも聖武天皇が伊勢神宮に行幸して広嗣の乱のことを祈ったと書かれている。聖武天皇は自身で神宮まで行ったわけではないが、この行幸は広嗣の乱による祈願として後世に記憶されたのである。それはまた『万葉集』題詞が広嗣謀反により伊勢国へ行幸したと述べていることとも一致する。一般的には広嗣の乱によって伊勢国に行幸したと捉えられていたとみてよいだろう。

二 その後の玄昉と真備

玄昉の動向

広嗣が批判の矛先を向けた玄昉と真備はその後どのようになっただろうか。

玄昉は広嗣の批判にもかかわらず、しばらくその地位がゆらぐことはなかった。乱の翌年に玄昉は聖武天皇・元正太上天皇、光明皇后、阿倍皇太子以下親王、文武百官ならびに天下万民のために『千手千眼陀羅尼経』一千巻の写経を発願している（京都国立博物館所蔵『千手千眼陀羅尼経』願文）。この写経事業は天平十三年六月から十五年四月にかけて

権勢の陰り

筑紫に左遷

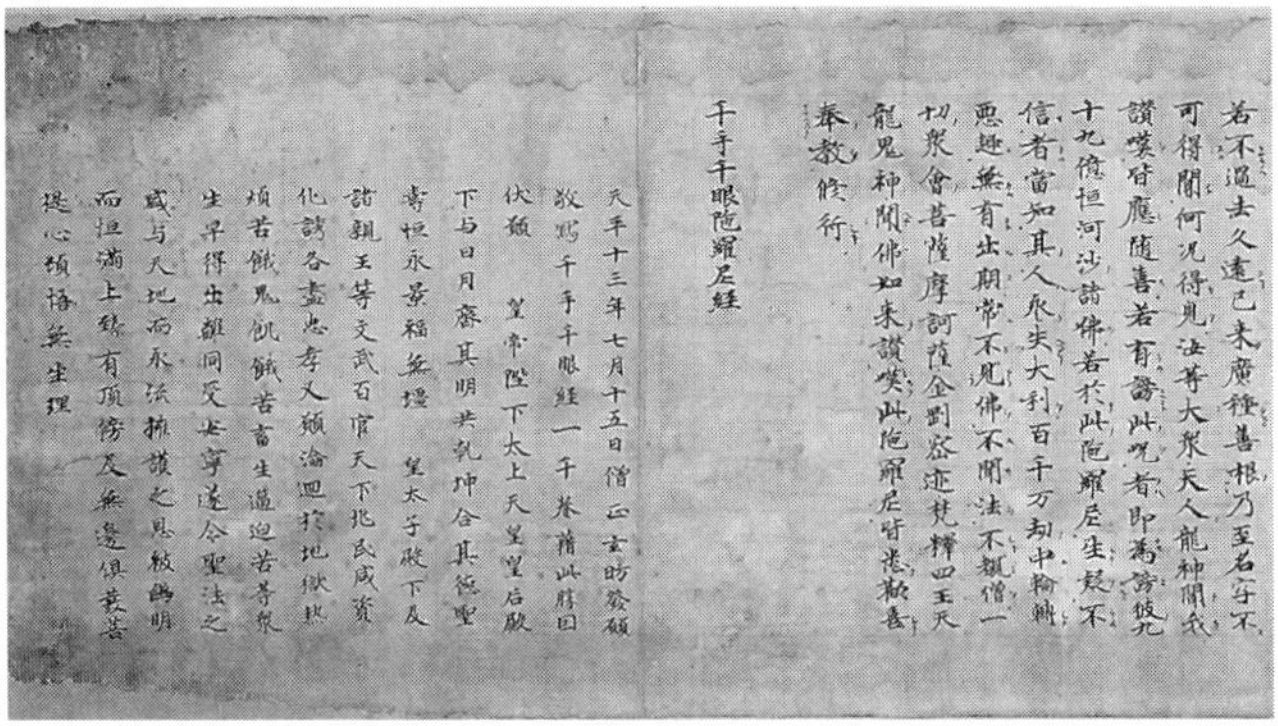
若不過去久遠已來廣種善根乃至名字不
可得聞何況得見汝等大衆天人龍神聞我
讃嘆皆應隨喜若有謗此呪者即爲謗彼九
十九億恒河沙諸佛若於此陀羅尼生疑不
信者當知其人永失大利百千万劫中輪轉
悪趣無有出期常不見佛不聞法不覩僧一
切衆會菩薩摩訶薩金剛密迹梵釋四王天
龍鬼神聞佛如來讃嘆此陀羅尼皆悉歡喜
奉教修行

千手千眼陀羅尼経

天平十三年七月十五日僧正玄昉發願
敬寫千手千眼経一千巻藉此勝因
伏願　皇帝陛下太上天皇皇后殿
下与日月齊其明共乾坤合其徳聖
壽恒永景福無疆　皇太子殿下及
諸親王等文武百官天下兆民咸資
化誘各盡忠孝又願淪迴於地獄熱
煩苦餓鬼飢餓苦畜生遥迴苦等衆
生早得出離同受安寧遂令聖法之
盛与天地而永流擁護之恩被幽明
而恒満上窮有頂傍及無邊俱蒙菩
提心頓悟無生理

千手千眼陀羅尼経残巻（玄昉願経）（京都国立博物館蔵）

行われたと考えられている（栄原永遠男「千手経一千巻の写経事業」）。また十三年二月には国分寺・国分尼寺建立の勅が発せられ、十五年十月には盧舎那大仏造立の詔が発せられているが、これらの著名な大規模仏教事業にも玄昉の影響が考えられる。

しかし十六年九月には僧綱が印を恣意的に使用しているとして、その印を大臣の所に置き、さらに僧綱の政も太政官に申上してその報を待つべしとする詔が出された。玄昉は当時僧正であり、ここにその権勢の陰りが見出される。さらに翌十七年正月には行基が大僧正に任命された。そしてその年十一月、玄昉は筑紫観世音寺の造営のために左遷された。観世音寺は七世紀に天智天皇が発願して以来、造営工事が続けられており、その最終段階にあったと考えられる。玄昉の財産も没収された。すでに紹

死去

介したとおりその没伝には、玄昉は内道場に安置され、それより栄寵日に盛んになったが、沙門の行いにそむき、時の人はこれを悪んだという。悪んだ代表格が藤原広嗣であろう。広嗣は討伐されたが、玄昉への不満は水面下で続いており、政情の変化によってついに彼は失脚したのである。流された広嗣の弟たちが天平十四年に許されていること、十六年以来、紫香楽宮での大仏造営をめぐり政治が混迷を深め、ついに十七年五月に聖武天皇は平城京に還都したこと、などが玄昉の失脚と関連しているであろう。

そして左遷から一年も経たない翌十八年六月十八日、玄昉は死去した。『続日本紀』は「僧玄昉死ぬ」と記し、高僧の死亡をいう「遷化」ではなく、六位以下庶人に用いられる「死」の語を使っている。そして没伝の最後には「世に相伝えて云わく、藤原広嗣が霊の為に害われぬ、と」と記されており、玄昉の死が広嗣の怨霊によるものとの噂が広まっていた。次章で述べるが、後世の書には広嗣の霊が空から玄昉を襲ったという話が記されており、この話は広く伝承されたようである。玄昉は広嗣の残党によって殺されたとみる説が古くからあるが、『続日本紀』の記事の背後に広嗣残党による暗殺という事実があったことは十分考えられる。玄昉が失脚したとはいえ、その左遷先を筑紫にするとは、政権の何らかの含みがあったのだろうか。

真備の動向

筑前・肥前に左遷

遣唐副使となる

下道真備は聖武天皇の関東行幸に随従し、赤坂頓宮での一斉叙位で正五位下を授けられている。その後東宮学士、さらに春宮大夫となった。玄昉左遷時に真備の方には特に関連する動きはなく、天平十八年には吉備朝臣の姓を賜っている。十九年には右京大夫となり、天平勝宝元年（七四九）の孝謙天皇即位に際して従四位上に昇った。しかしその翌年正月筑前守に左降され、まもなく肥前守に遷任された。この一連の左遷については『続日本紀』の真備薨伝に「逆魂息まず」と記されていて、やはり広嗣が残した恨みとの関係が噂されたようである。左遷先も玄昉と同じ西海道である。しかし真備は玄昉のような運命をたどることはなく、天平勝宝三年十一月には遣唐副使に任ぜられ、翌年五十八歳にして二度目の入唐を果たすことになる。この副使は追加の任命で、遣唐副使は普通五位のところ、四位というのは異例である。帰国後、天平勝宝六年に大宰大弐となった。再びの西海道勤務で、結局天平宝字八年（七六四）正月に造東大寺長官になるまでその任にあった。

大宰大弐

大宰大弐時代の真備については、怡土城の造営を専当したり、新羅征討を目的として置かれた節度使のうち西海道節度使になったりし、軍事関係の治績が知られている。唐で安史の乱が起こり警戒を強化するにあたって、大宰帥の船王とともに「碩学にして、名当代に顕わる。簡ぶこと朕が心に在りて、委ぬるに重任を以てす」とわざわざ述べる勅を賜わり（『続日本紀』天平宝字二年十二月戊申条）、また衛府の舎人が大宰府に遣わされ、真備について諸葛亮と孫子の軍事理論を学ぶなど、朝廷からは信頼されている様子がうかがわれる。しかし真備は遣唐副使の功で正四位下になっており、大宰大弐（正五位上相当）としてはかなり位が高い。その才能を認められながらも煙たがられ、西海道に遠ざけられたという感の浮かぶところである。時の権力者藤原仲麻呂に嫌われたらしい。

次章で述べるが、説話上では真備は派遣されて荒ぶる広嗣の悪霊を鎮めたとされている。肥前守や大宰大弐在任中に広嗣の慰霊を行ったことは十分にありうることだと思う。

右大臣に昇る

さて天平宝字八年正月に造東大寺長官となった真備であるが、実はその年七十歳になったのを機に致仕の表（退職を請う上表文）を提出したばかりだった。それが奏上される前に転任の命が来て、真備は京にもどり自宅で静養していたところ、同年九月仲麻呂の乱が発生した。真備は孝謙太上天皇方につき、兵を分けて仲麻呂の行先を遮る指揮が冴えたらしい。その後の称徳天皇・道鏡の政権では重用されて、参議、中納言、大納言を経て、天平神護二年（七六六）にはついに右大臣従二位に昇った。

宝亀元年（七七〇）称徳天皇が崩御し光仁天皇が即位すると、真備は致仕を申し出たがなかなか許されず、ようやく翌二年に許され、同六年十月薨去した。時に前右大臣正二位勲二等、八十一歳であった。

八十一歳で死去

三　広嗣の弟たち

広嗣には少なくとも八人の弟がいたが、そのうち綱手は広嗣と行動をともにして処刑され、清成も同様に処刑されたか、そうでなくとも官界で活躍はしなかった。そのほかに二人は名前もまったく知られない存在で、おそらく夭逝しており、残る四人――良継・田麻呂・百川・蔵下麻呂が奈良時代後期に活躍した。

良継と田麻呂の配流と赦免

広嗣の乱の起こった年、良継（この時の名は宿奈麻呂）は二十五歳、田麻呂は十九歳、百川（この時の名は雄田麻呂）は九歳、蔵下麻呂は七歳だった。良継はすでにある程度の官歴があったと思われ、田麻呂は出仕していたかどうかわからないが、縁坐により良継は伊豆国に、田麻呂は隠岐国に配流された。ただし天平十四年に二人とも赦されている。十三年九月八日に遷都により大赦が行われ、広嗣の乱の縁坐者も赦されたことにともなう赦免である。この時良継は少判事に任じたが、田麻呂は蜷淵山中（奈良県明日香村稲渕付近）に隠居して時事に預らず、仏道修行に励んだという。

その後、良継は天平十八年、三十一歳にして従五位下に叙され、ついで越前守、上総守、相模守に任じたが、従五位上への昇叙は十一年後の天平宝字元年と時間がかかっている。田麻呂はまもなく任官したらしく、天平宝字五年に四十歳で従五位下になっている。その二年前には百川も二十八歳で従五位下に叙されており、広嗣の弟たちもようやく朝廷に一定の地歩を占めてきた。しかし同世代の藤原氏をみると、南家では豊成が天平勝宝元年に右大臣となり、その後今度はその弟の仲麻呂が躍進して強い権力を握り、豊成を失脚させるという、政界トップの座をめぐる活躍をしていた。北家でも、良継より二歳だけ年長の永手が天平宝字元年に中納言となり、その弟の真楯（八束）・清河もすでに議政官になっているなどしており、式家の劣勢は覆いがたい。

式家の劣勢

こういった状況の下、仲麻呂の子が三人も参議に任じられると、良継は忿怨をいだき、佐伯宿禰今毛人・石上宅嗣・大伴家持らと謀って仲麻呂を殺害しようとした。しかし計画は洩れ、みな捕らえられたが、良継は自分一人が謀首で他人は預かり知らないことだと言い張って一人で罪をかぶり、姓を除き、除名処分となった。天平宝字七年正月ののちまもなくのことだったとみられる。こうして式家第二子の良継がまたしても不遇の時を迎えたのだったが、田麻呂は天平宝字八年正月に正五位下に昇叙し、また末弟の蔵下麻呂も同七年には従五位下になっており、何とか残る兄弟は五位クラスに到達していた。

仲麻呂の乱における活躍

　そのような時に起こったのが天平宝字八年九月の仲麻呂の乱である。仲麻呂が逃走すると、良継は即日孝謙太上天皇の詔を奉じて兵数百を率い、これを追ったという。仲麻呂は湖西を通って越前を目指すが、愛発関でさえぎられ、最後は高島郡三尾埼（滋賀県高島市）で孝謙側の追討軍と激戦になった。戦いは午刻より申刻に及び、孝謙軍側に疲労の色が濃くなってきた時、駆けつけたのが蔵下麻呂率いる兵である。これで形勢は一気に孝謙側優位に傾き、ついに仲麻呂軍は潰滅、仲麻呂も妻子徒党とともに討たれるという結末となった。「討賊将軍」として凱旋し戦捷報告した蔵下麻呂はすぐに従三位を授けられた。昨年従五位下になったばかりの蔵下麻呂、三十一歳にして破格の昇進である。良継は乱勃発に際し従四位下、さらに終結後は正四位上大宰帥となった。田麻呂も、乱における動向は知られないが、右中弁、外衛中将、翌年には正五位上、外衛大将となっている。

称徳朝での躍進

こうして良継は復権、田麻呂・蔵下麻呂も昇進した。孝謙太上天皇は重祚して称徳天皇となり道鏡を重用したが、そのもとでまず田麻呂が天平神護二年（七六六）参議となり位も従四位上に上がった。その年に良継は従三位にのぼり、宝亀元年七月、称徳天皇不予の中で参議になった。百川も順調に昇進、種々の官に任じているが、中でも河内国の道鏡の郷里に由義宮が造られると、百川は河内守となり、続いて由義宮を西京とし、河内国が河内職と改められると河内大夫となって、称徳・道鏡政権によく奉仕している。しかし一方、このころ起こった宇佐八幡宮の神託事件で和気清麻呂が大隅国に、姉の法均が備後国に配流になると、百川はその忠烈を愍れみ、備後国の封戸二十戸を割いて配処に援助したという（『日本後紀』延暦十八年二月乙未条）。

光仁天皇擁立への関わり

称徳天皇は宝亀元年病気となり、八月に崩御する。皇太子はいなかったので、重臣たちが協議し、天智天皇の孫の白壁王を皇太子と定め、王は即位して光仁天皇となった。こうして皇統は天武系から天智系へ転換を遂げるが、この転換に広嗣の弟たちは大きく関わっていた。皇太子の協議を行ったメンバーについて『続日本紀』は、左大臣従一位藤原永手・右大臣正二位吉備真吉備（真備）・参議兵部卿従三位藤原宿奈麻呂（良継）・参議民部卿従三位藤原縄麻呂（豊成の子）・参議式部卿従三位石上宅嗣・近衛大将従三位藤原蔵下麻呂の名をあげる（宝亀元年八月癸巳条）。ここには当時の議政官全員の名はみえない一方、わずか六人の中に先月参議になったばかりの良継がおり、さらに議政官でない蔵下麻呂がいるのである。

百川伝の記事

さらに『日本紀略』の引く「百川伝」には、この時に百川が関わっていたように書かれている。それによると、まず真備らが天武天皇の孫である文室真人浄三を推した。しかし百川と永手・良継は、浄三には子が十三人もいると言って反対した。真備らはそれを無視して浄三を皇太子に立てようとしたのだが固辞され、ついでその弟の文室大市を立てようとしたが、これまた断られた。一方、百川と永手・良継は宣命を偽作して宣命使に読み上げさせ、百川が諸仗に命じて白壁王を皇太子に冊立、王は即位した。真備は「長生の弊、還りて此の恥に遭う」（長生きなぞしたものだから、かえってこんな恥をかいてしまった）と言って隠居してしまったという。

信憑性に問題もある記事だが、百川が光仁天皇の擁立に関わったことを疑う必要はない。『続日本紀』宝亀十年七月丙子条の百川の薨伝では、「天皇甚だ信任し、委ぬるに腹心を以てす。内外の機務、関り知らぬこと莫し」としているように、百川は光仁天皇から大変重んじられている。良継と蔵下麻呂が皇嗣決定の協議に与っている中で、百川は彼らと連絡をとりあい、当時右兵衛督だったことを利用して光仁擁立を推進したのであろう。「百川伝」はこのような百川の活動を光仁擁立の立役者のように誇大に描いているのだろう。

光仁朝での栄達

良継

光仁朝に広嗣の弟たちは栄達をとげる。宝亀二年に左大臣藤原永手が薨じ、右大臣吉備真備が隠居する中で、良継は内臣となった。この時の内臣は太政官に含まれ、上席には右大臣の大中臣朝臣清麻呂がおり、良継とともに精勤していたようだが、清麻呂は宝亀二年に七十歳の高齢であり、良継は「政を専とし、志を得て、升降自由なり」（『続日本紀』宝亀八年九月丙寅条薨伝）と言われるように権力を振るった。最後は内大臣になり、宝亀八年九月十八日に六十二歳で薨じた。時に内大臣従二位勲四等であった。娘の乙牟漏は山部親王（のちの桓武天皇）の妃となり、平城・嵯峨両天皇を生むが、延暦二年（七八三）には皇后に立っている。これは光明皇后以来、藤原氏にとって二人目の皇后である。

田麻呂

田麻呂はしばらく参議のままだったが、宝亀十一年に中納言になった。桓武朝に入ると、天応元年（七八一）大納言兼近衛大将になり、延暦元年左大臣藤原魚名が事に坐して罷免されると右大臣になり首班となった。しかし翌二年三月十九日、六十二歳で薨じた。

時に右大臣従二位兼近衛大将皇太子傅。その薨伝には「性恭謙にして物に競うこと無し」と評されており（『続日本紀』延暦二年三月丙申条薨伝）、人と争わない謙虚な性格だったらしい。乱による縁坐やその後の山中修行で遅い官歴となったが、兄弟では最も早く参議になり、唯一桓武朝まで生き、兄弟中最高の右大臣になった。

百川

百川は宝亀二年参議となり、十年七月九日に薨じた。時に参議中衛大将兼式部卿従三位で、年四十八。多くの官を歴任し、それぞれ精勤したようであるが、百川にはそのような優秀な官僚という性格を超えた、策士的な面がつきまとう。光仁擁立劇への絡みのほかに、光仁朝で皇后井上内親王とその所生の皇太子他戸親王が退けられ、山部親王が皇太子になった事件への関与が濃厚である。井上内親王は聖武天皇の皇女で（母は県犬養広刀自）、この事件により皇統が聖武天皇から女系でつながる予定も消滅した。桓武天皇は自分があるのは百川のおかげとし、娘の旅子は桓武の夫人として淳和天皇を生んでいる。

蔵下麻呂

蔵下麻呂はあまりにも早く従三位になったため、その後は位が上がらなかったが、宝亀五年参議となり、ここに広嗣の弟四人はみな参議以上に列した。しかし翌六年七月薨去した。時に四十二歳、参議大宰帥従三位勲二等だった。

以上、広嗣の弟たちは乱で一定の影響を受け、政界での活躍は遅くなったが、仲麻呂から称徳天皇への政権移行で上げ潮に乗り、さらに光仁天皇の擁立に力があって、光仁朝では全盛期を迎えて政界を主導する地位を築き、桓武朝の成立にも力があった。光仁朝で良継を中心に兄弟が並んで活躍した時期は「式家主導体制」とも呼ばれる（木本好信『藤原式家官人の考察』）。

良継と百川の名前

ところで、良継は宝亀元年九月十六日に式部卿となった時には宿奈麻呂とみえ、十月一日の叙位では良継とみえているから、この間に改名したとみられる。また雄田麻呂から百川への改名も宝亀元年十月から同二年三月の間のことである。この時期における両名の改名は、光仁即位に応じて式家を復活させようとの意図が関係しており、良継の名については式家の良き継承者たらんとの意志の表れからの命名とされる（亀田隆之「律令貴族の改名に関する覚書」）。ただし人名では「継」の字は「嗣」としばしば通じて用いられるように、良継の「つぐ」は広嗣の「つぐ」に通じ、式家継承者として「つぐ」の名（継〈嗣〉の字）を広嗣に代わって名乗るという意味合いも考えられるだろう。また百川の名については、亀田氏は『書経（しょきょう）』『淮南子（えなんじ）』『説苑（ぜいえん）』など中国古典に出典をもち、光仁天皇・山部親王を海にたとえ、多くの川は海に注ぐから、光仁・山部に対する姿勢を示したものとされる。それに異論はないが、良継と広嗣の名の関係を捉えた上でこの名について考えると、そこに綱手との関係を見出せないだろうか。綱手とは船を引く綱のことを指す。船が浮かび、そして海に向かって進んでいく、そういったものとして川が着想されたのではないか。以上、この二人の改名には広嗣と綱手が意識されていたのではないかと思うのである。

四　広嗣の妻子について

広嗣妻についての情報

『万葉集』に広嗣と女性との歌のやりとりが残されていることは前述した。彼女の返歌からは才気ある女性だったことがうかがわれるが、妻になっていたかはわからない。広嗣の妻については確かな史料が見当たらないが、二つばかり情報がある。

興福院創建関係の史料

一つは奈良の興福院の創建に関わる史料である。興福院は奈良市法蓮町の佐保の地に佇む尼寺で、もとは西方の菅原の里にあったのだが、その創建に関して鎌倉初期の『諸寺建立次第』の興福院の記事に、「宝亀元年これを造立す。光仁天皇の代。本願輪立(ハワタチ)氏なり。是弘嗣(ツキノ)大臣御妻なり」（原漢文。振仮名は東京国立博物館所蔵本による）とあり、広嗣

「輪立氏」

の妻の輪立氏が本願として宝亀元年に興福院を建てた旨が記されている。同様の記事は鎌倉中期以後成立の護国寺本『諸寺縁起集』や室町前期の菅家本『諸寺縁起集』所引「或記」にもみえており、みな同根の記事とみられる。

興福院の創建に関しては百川の関与を記す史料もあるが、さらに護国寺本『諸寺縁起集』には興福院の段に良継の伝が載せられている。良継の関係した寺院といえば、延暦七年成立の『延暦僧録』に、良継が自邸に「興法寺」を造ったことが記され、一方『公卿補任』には良継が「弘福院大臣」と呼ばれたこと、家をもって寺としたことが記述されており、これらから、興法寺・弘福院・興福院は同一の寺で、良継の邸内に創立されたものとする説がある（福山敏男「興福院」）。菅原の地は、『万葉集』巻二十に良継から離別された「石川女郎」が悲しみ恨んで詠んだ、

大き海の水底深く思ひつつ裳引きならしし菅原の里　（四四九一）

（大海の水底のように深く思いながら裳を引いて踏みならした菅原の里よ）

という歌があって、ここに良継の居宅があったらしい。

とすると、さきの「弘嗣大臣」も良継を指す「弘福院大臣」が誤って伝えられた可能性もあり、「大臣」の語からも、むしろその方が可能性が高いと思われる。ただ良継の

妻に「輪立氏」という女性は見当たらない。

御立氏か

そもそも「輪立」という氏も奈良時代にみえないので、ここにも何らかの誤りが想定される。正倉院文書の興法寺牒（年未詳）に尼善立の署名があり、これをヒントに、「輪立」も実は法名だった可能性も考えられる。また字の近い氏として御立氏がある。神亀元年に医術家である従五位下の呉粛胡明が御立連の姓を賜っており、天平二年にも御立連清道が博士としてみえる（同一人物か）。胡明については、『家伝』が神亀六年の武智麻呂大納言遷任記事にかけて、ともに時政を補佐したとして列挙する人物の中に「方士」として名があり、輪立が御立の誤りとすれば、この医術家の御立連氏が想定される。医術家といえば、清成（菅成）との間に種継を生んだ女性の父である秦朝元も同時代の著名な医術家であり、御立氏を良継または広嗣が娶った可能性はありえる。

説話における広嗣妻

広嗣の妻に関するもう一つの情報は説話で、『松浦廟宮先祖次第并本縁起』にみられるものである。それによると、広嗣の妻は「花容」（花のように美しい）にして世間に稀であり、それは他人に十倍し、夫に従うこと水のごとしという。もっともこの記事は広嗣の異能優秀ぶりを示す「五異七能」の一つとして書かれているもので、その中には広嗣が大宰府と都を朝夕に往返したなどという記事もあるから、だいぶ信憑性が下がる。

ただ広嗣の妻がたぐい稀な美人だったという話は、同書では「件（くだん）の妻女に依りて官責（かんせき）を蒙（こうむ）り、即（すなわ）ち身命を亡ぼすなり」とあるように、広嗣の乱の伏線になっている。第四で簡単に触れたことだが、同書の別の箇所で、玄昉が広嗣の在京の妻に横恋慕して気持ちを伝えたため、妻は大宰府の夫に知らせ、広嗣はたちまち上洛して大声で威嚇したので、人々は恐れ、玄昉は殺されるのではないかと噂した、このような異能のために朝廷によからぬとして広嗣は討伐されることになった、というのである。この話は影響力をもち、同書によったとみられる『七大寺巡礼私記（しちだいじじゅんれいしき）』に載せられ、延慶（えんぎょう）本『平家物語』も玄昉が広嗣の霊に殺されたのはその妻が美しいあまり心を通わせたからだという。『元亨釈書（げんこうしゃくしょ）』の玄昉伝にもみえている。

ここまで広嗣の妻に関して二つの情報を紹介したが、仮に「輪立」が「御立」だった場合、玄昉の宮子（みやこ）を治した医術のことが連想され、玄昉との関係に良継または広嗣の妻が絡んでくることにもなり、説話との関連性も出てくる。もちろんこれはかなり頼りない憶測だが、しかしこれによりあらためて清成が秦朝元の娘を娶ったことに目が行くのである。こちらはほぼ確かなことだろうから、玄昉の医術と名誉が従来の医術家の面目を失わせ、また疫病の猛威に疲弊していた彼らの反感を招き、そこに式家兄弟の反発が

広嗣兄弟と医家との関係

増幅される要素があったことを想像できるかもしれない。

広嗣の子について

広嗣の子については、『尊卑分脈』に行雄・長常の二人の男子をあげ、それぞれにも子がいることになっているが、同書の少し後に出てくる山人（種継の子）の子孫にもほぼ同様な記事がみえている。行雄・長常は九世紀後半、『日本三代実録』に五位官人でみえ、官位に『尊卑分脈』と一致する部分があるから、『尊卑分脈』に広嗣の子として記載するのは山人の子の記事が混入したもので、誤りである。

そうすると子についての史料がなくなるが、二十代後半で死んだ広嗣に子がいた可能性は十分にある。乱の際にただちに処刑されたのは広嗣・綱手だけだったと思われるから、子はその後の処置に任されたであろう。前述したように律の規定では謀反人の子は縁坐として没官される。実際に没官者が五人いたからその中にいたかもしれない。しかし乱の縁坐者は翌年に赦されており、流された弟は官界に復帰した。首謀者である広嗣の子も同様に赦されたとは速断できないが、奈良時代の反逆者の子については、首謀者とされる者と同時に死んだ例を除くと、子がのちに官界に姿を現している例がみられる。たとえば橘奈良麻呂の変の場合、奈良麻呂の子が四人、延暦期以降に官人として活躍している。中でも清友は、奈良麻呂死亡後の生まれなのだが、その娘の嘉智子が嵯峨天皇の皇后になり、仁明天皇を生んでいる。広嗣弟清成の子も栄進した。子ではないが広嗣の弟たちは政界の頂点に立つほどの活躍をしている。縁坐者のこのような復活の趨勢をみる時、広嗣に子がいて早世しなかったのであれば、その後官界で活動の場を得たかもしれないという思いを抱く。奈良時代の藤原氏の男子はたいてい系譜が明らかなのだが、奈良時代後半になると、まれに系譜不明の藤原氏官人が史料に現れる。もしかするとその中に広嗣の子どもがいるかもしれない。ただ官人になったとは限らないし、漠たる推測しかできないので、具体的な提示は控えることにしよう。

第七　伝承上の藤原広嗣

一　広嗣怨霊の生成

前章に触れたように、天平十八年（七四六）に玄昉が死んだことについて、『続日本紀』は「世に相伝えて云わく、藤原広嗣が霊の為に害われぬ、と」と記している。また吉備真備の薨伝には、広嗣が玄昉と真備を討つことを名として兵を起こし、敗れて誅に服したものの、「逆魂息まず」、天平勝宝二年（七五〇）に真備は筑前守に左降され、さらに肥前守に遷されたと書かれている。これらの記事は、死んだ人間の霊が怨みをもって現世の人間や社会に対して災いをもたらすという怨霊の思想が現れてくる初期の例として注目されているものである。

玄昉の記事は「世に相伝えて云わく」とあるように、執筆時点における伝承を記したもので、死亡時からの時間的経過のことを考えなければならない。さらに『続日本紀』

玄昉殺害伝承記事はいつ書かれたか

の編纂過程は複雑で、この記事がいつ書かれたのかという問題も簡単ではない。記事が載る巻十六は、はじめ淳仁朝（七五八―七六四）の修史事業でまとめられた曹案三十巻に由来するもので、この三十巻はその後、光仁朝（七七〇―七八一）で修訂を受け、さらに桓武朝の修史事業の際にも修訂されて、最終的に延暦十六年（七九七）に撰進されて『続日本紀』の前半二十巻となった。桓武朝の修史事業が行われていたころは有名な早良親王の怨霊が朝廷を悩ませていた時であり、そのような状況が影響したこともありうるのである。

実際、この記事がどの編纂時点で書かれたかについては、淳仁朝、光仁朝、桓武朝の三様の説がある。今は推測に頼るしかないが、当初三十巻だったものが二十巻になっている以上、後から増補された可能性はどちらかと言えば低い。桓武朝でも増補は行われたが、採択された内容は「雅論（正しい議論）英猷（すぐれたはかりごと）にして義の貽謀（残し伝えること）」に関わるものであって（『日本後紀』延暦十六年二月己巳条の『続日本紀』撰進上表文）、どうも玄昉が広嗣の霊に殺されたという話はこれに当てはまりそうにない。ちなみに『続日本紀』には「世に相伝えて云わく」の句はもう一ヵ所ある。巻一の文武三年（六九九）五月丁丑条における役君小角の配流記事で、そこに書かれる内容は、小角がよく

淳仁朝の修史に由来

鬼神を役使したということである。「世に伝えて云わく」という句もあり、これも巻一、文武四年三月己未条の僧道照の没伝中にあって、道照を火葬した際に、親族と弟子が争って骨を取ろうとしたが、つむじ風がおこって、灰骨をどこへともなく吹きあげてしまった、という内容である。つまり「世に（相）伝えて云わく」という句では、いずれも怪奇な現象を述べるという特徴がある。そしてそれらは『続日本紀』の前半にだけみえている。桓武朝の修史方針に合いそうもないこれらの記事は、やはり桓武朝に増補されたものではなく、しかも前半二十巻の内だけにあるということは、最初の淳仁朝の修史に由来する可能性を高めよう。わずかな例による推測だが、玄昉が広嗣の霊に殺害されたという伝承は、淳仁朝にまとめられた曹案三十巻に書かれていたと思う。

広嗣慰霊の動き 松浦郡の弥勒知識寺

ところで玄昉死亡のころ、すでに広嗣の霊にまつわる動きがあった。天平十七年十月、広嗣終焉の地である肥前国松浦郡の弥勒知識寺という寺に僧二十人を置き、水田二十町が国から施入された。この寺はその後衰退したが、その再興を定めた承和二年（八三五）八月十五日の太政官符（『類聚三代格』所収）によれば、再興を請願した観世音寺講師光豊は「国家を鎮め、兼ねて逝霊を救わん」と、その意義を語っている。この「逝霊」は広嗣の霊のことで（国史大系本『類聚三代格』は「遊霊」と校訂しているが、底本の鎌倉時代古写本である東寺観智院本の「逝霊」でよい。この語は『松浦廟宮先祖次第幷本縁起』にもある）、この寺には広嗣慰霊の意味があった。「知識」という名が入っているように、民間において広嗣慰霊のために建てられた寺を朝廷が公認して、僧の設置と水田の施入が行われたのだろう（長洋一「藤原広嗣の怨霊覚書」）。天平十七年はあたかも玄昉が大宰府に左遷された年であり、朝廷の態度の変化がうかがわれる。

霊魂をめぐる民間の動向

この前後、死者の霊魂をめぐる民間の動きで注目されていることとして、第二で触れたことだが、天平二年、安芸・周防国人らが妄りに禍福を説き、多く人衆を集めて「死魂を妖祠」して祈っているとして禁圧されたことがあり、前年の長屋王の変に関係すると考えられている。また天平宝字元年（七五七）の橘奈良麻呂の変の際には、民間で「仮りて亡魂に託し、浮言紛紜として（言い触らして）、郷邑を擾乱する者」があれば、奈良麻呂らの謀反に同罪とするという勅が出されている（『続日本紀』天平宝字元年七月甲寅条）。このように政治的死者の霊魂をめぐって民間には不穏な動きが出ることがあった。

玄昉が死ぬのは弥勒知識寺に朝廷が援助することになってから約八ヵ月後である。右のような政治的死者の霊魂をめぐる状況や弥勒知識寺の整備などからみて、玄昉が広嗣の霊によって殺されたとする噂は比較的早くに生じていたのだろう。

怨霊の歴史では、広嗣の怨霊は宿敵となる個人にのみ崇ったもので、のちに疫病・災害など広く社会に影響を及ぼすようになるのとは質が違うとされることが多い。ただし朝廷が弥勒知識寺に援助を与えているのは、そこに社会的な意味が存在することをうかがわせる。この朝廷の処置については、知識の活動が奈良麻呂の変にみられる「郷邑を擾乱」するようなことにならぬよう、正式の僧をそろえて知識を教導できるように図ったものとされ（柴田博子「怨霊思想成立の前提」）、また広嗣霊はすでに宿敵個人以外にも崇る御霊（ごりょう）的怨霊と公認されたとも言われる（細井浩志「『続日本紀』の怨霊記述について」）。

吉備真備の左遷記事

吉備真備が広嗣の「逆魂」によって左遷されたという記事は『続日本紀』巻三十三にあり、光仁朝で編纂が行われたのち、桓武朝の延暦十年から修訂されて同十三年に撰進された部分で、光仁朝では怨霊の思想がすでに高まっており、最初の執筆時点から、その当時の怨霊に対する観念が影響しているのだろう。真備の左遷は玄昉の死から四年後のことであって、玄昉の死が広嗣の霊によるとの噂が広まっていれば、この真備の左遷についても関連づける言説がまもなく生じていたとみておかしくはないだろう。

二　広嗣説話の発展

長講法華経後分略願文にみえる松浦少弐霊

広嗣の怨霊は九世紀前半にも姿を現す。それはまず弘仁三年（八一二）四月五日の日付をもつ最澄の「長講法華経後分略願文」にみえる。これは『法華経』『金光明経』『仁王般若経』の長講会の願文や法会の式を撰した『三部長講会式』の内にあり、若干後世の変改はあるにしてもおおむね最澄の著作とみなされるものである。そこにさまざまな御霊を列挙して、かれらが永く悪業の患いを離れて『法華経』に帰依し、日本国をまもって国や人民を益し、菩薩行を修して速やかに無上道（すぐれた悟り）を成すことを祈願する一節があり、「崇道天王」（早良親王）や「吉野淡路等横夭皇子霊」（他戸親王や大炊王〈淳仁天皇〉）、伊予親王と母藤原吉子とみられる人物、あるいは東西の征討で死んだ「一切横死霊」「結怨横死者」その他がみられるとともに、「松浦小弐霊」の記述がある。この「松浦小（少）弐霊」は広嗣の霊であろう（櫻木潤「最澄撰『三部長講会式』にみえる御霊」）。

入唐求法巡礼行記にみえる松浦少弐霊

「松浦少弐霊」は円仁の『入唐求法巡礼行記』にも現れる。円仁は在唐九年にして承和十四年九月博多に帰着し、その後の博多滞在中、九州北部の名神等に対し『金剛般若経』の転読を行った。それらは竈門大神、住吉大神、香椎名神、八幡菩薩その他であるが、その中の一つとして、十二月一日午後に「松浦少弐霊のために五百巻を転」読したことがみえている。これらの転読は、無事日本に帰り着いたことを感謝する意味があると考えられ、ここに広嗣霊の善神化をみる説もある（宮田太樹「北部九州における神仏習合造像をめぐる研究」）。円仁は承和五年に遣唐使に従って渡唐した。この遣唐使は同元年正月の任命で、先にみた弥勒知識寺再興の太政官符が承和二年八月十五日付けだから、その再興には遣唐使の航海安全との関連が考えられている（末吉武史「九州における古代木彫像の成立」）。松浦少弐霊と弥勒知識寺には関係があると思われる。

御霊信仰の発達

怨霊の思想が高揚してくる中で、政治的に非業に死んだ者の霊がこの世に災厄をもたらすことを畏れ、それを慰撫し、さらにはその霊威により災厄を逃れようとする御霊信仰が発達する。「長講法華経後分略願文」にみえる松浦少弐霊や、承和二年の弥勒知識寺再興の意義として説かれた「国家を鎮め、兼ねて逝霊を救わん」もこれに通じる。広嗣の霊は御霊として、その救済がめざされ、国家守護の役割を期待されるようになっている。

御霊信仰の歴史で著名なのが、貞観五年（八六三）に平安京神泉苑で行われた御霊会である。これは疫病の頻発を御霊のためとする民間の言説に応じて開かれたもので、『金光明経』『般若心経』を講じ、楽舞演奏があり、雑伎散楽が競演された。この時祀られた御霊は崇道天皇・伊予親王・藤原夫人（吉子）・観察使（藤原仲成）・橘逸勢・文室宮田麻呂である（『日本三代実録』同年五月二十日条）。ここには平城京時代の政治的死者は広嗣を含め入っていないが、広嗣の怨霊が忘れられたわけではなく、やがてより具体的な描写をともなった怨霊像が現れてくる。

広嗣怨霊像の進化

扶桑略記の記事

十一世紀末ごろに成立したと考えられる『扶桑略記』の天平十八年六月丙戌条には、玄昉が広嗣の亡霊に殺されたという記事があり、広嗣の霊は今の松浦明神であるとしている。そして「流俗相伝えて云わく」として、玄昉は大宰府観世音寺の供養の日に導師として腰輿に乗っていたところ、にわかに空からその身をつかまえられて、忽然と姿を消し、後日その首が興福寺唐院に落ちたと記している。またほぼ同じころか十二世

今昔物語集の記事

紀前半の成立である『今昔物語集』の巻十一、「玄昉僧正、唐に亘りて法相を伝えたる語」では、広嗣は悪霊となり、公を恨み、玄昉に怨みを報ぜんとした。そして赤い衣を着て冠をつけた者が来て、玄昉をつかんで空に昇った。悪霊はその身を散々に破

東大寺要録の記事

興福寺本僧綱補任裏書の記事

七大寺巡礼私記の記事

って落したので、玄昉の弟子たちがそれらを拾い集めて葬ったという。その後も悪霊は静まらないので、天皇が恐れ、広嗣の師だった吉備真備をその墓に遣わしてこれを鎮撫させようとした。真備は陰陽の術で我が身を固めて、ねんごろに鎮撫したので、ようやく悪霊は止まった。その後、悪霊は神となって鏡明神と申し上げる、とある。十二世紀前半の『東大寺要録』にも玄昉の死について、忽然として空に登ること数丈で、落下して死んだが、血骨がない、と書かれている。同じ記事が興福寺本『僧綱補任』裏書にもあり、そこには俗に大宰少弐広嗣の霊の所為と云われていると書かれる。

さらに保延六年（一一四〇）ごろの大江親通『七大寺巡礼私記』では、興福寺の段に「古老伝えて云わく」として、玄昉は天平十八年五月二十三日に広嗣の霊に雷撃され、その身体は五ヵ所に分散した。首の落ちた所を廟とし、そこを頭塔と云う、とある。そして広嗣の霊は肥前国鏡宮大神であり、大宰府や国の政が正しくない時には怒って、二尺ばかりの鏡が光を放って空を飛ぶといい、天永元年（一一一〇）には肥前の山腹からこれが出現し、大宰府方面に飛行したことが同年の国解にみえる、としている。

『七大寺巡礼私記』で玄昉が雷撃されたと書かれているが、『扶桑略記』や『今昔物語集』の記述も雷神による攻撃が想像され、これらには菅原道真の霊が雷神として現れたという言説の影響も考えられよう。また玄昉の墓を頭塔とする伝承は有名である。ただしいま奈良市高畑町にある頭塔は、僧実忠が神護景雲元年（七六七）に造立したもので、玄昉とは関係がない。ちなみに奈良市内にはほかに玄昉の肘が落ちた所という肘塚、眉目の落ちた所という眉目塚などもある。

超人説話

このように十一世紀末から十二世紀前半にかけて広嗣怨霊の具体的姿を記述する文献が現れる。そして怨霊としての広嗣だけではなく、生前の超人的能力や広嗣の乱に関する物語も現れてきた。先にあげた『今昔物語集』の記事では、広嗣は「心極メテ猛クシテ、智リ有リテ万ノ事に達レリ」という優れた人物で、一日の午前には都に右近少将として仕え、午後には大宰府で少弐として仕事をしたといい、空をかける竜馬を乗り物としてわずかの時間に往復したという。また広嗣の乱については、広嗣が光明皇后の玄昉寵愛を諫める解文を奉ったために、天皇がこれを朝政への干渉として、「世ニ有テハ定メテ国ノ為ニ悪カリナム」として広嗣を討つことになったと記している。

竜馬で都と大宰府を往復

万葉集における竜馬の歌

竜馬に乗って大宰府と都を往復したという話で思い起こされるのは、『万葉集』巻五に載る大宰帥大伴旅人と都の人との相聞歌である。

竜の馬もいまも得てしかあをによし奈良の都に行きて来む為（八〇六）

（いま竜馬がほしい。奈良の都に行って来るために）

竜の馬を吾は求めむあをによし奈良の都に来む人の為に（八〇八）

（私は竜馬を求めましょう。奈良の都に来る人のために）

竜馬に乗って都と行き来したいというのは、大宰府の人々にとって普通に夢見られ、語られていたことだったのではないか。それが広嗣の伝承の背景にあるのだろう。

このように広嗣に関する伝承は荒唐無稽なことを含んで展開してくる。その中でも最も大量にそれを記述しているのが、『松浦廟宮先祖次第幷本縁起』である。同書についてはしばしば言及してきたが、ここでまとめてみておくことにしよう。

三　『松浦廟宮先祖次第幷本縁起』

松浦廟宮先祖次第幷本縁起の成立

第四で述べたように、本書は肥前国松浦郡の鏡宮・神宮知識無怨寺の縁起を記す書で、おおむね十一世紀ごろには現行本の祖と言えるものが成立している。したがって前節に触れた『扶桑略記』や『今昔物語集』とほぼ同時期、あるいは若干先行するものと考えられる。その記載には前述の弥勒知識寺に関係する事実が含まれており、弥勒知識寺関係の何らかの資料が利用されているようである。なお現在佐賀県唐津市にある鏡神社は、その一宮に神功皇后を、二宮に広嗣を祀っているが、本書には神功皇后は登場せず、広嗣のみがみえている。

本書はすでにみた上表文関係で議論の対象になったほか、肥前国松浦郡の地方史関係で言及され、広嗣・玄昉にまつわる説話は『平家物語』に繋がっていくことから、『平家物語』関係の伝承研究でも注目され、また怨霊研究でも触れられるものとなっている。鏡宮は長徳二年（九九六）に「まつらなるかかみの神」として初見し（『紫式部集』。近藤直也『松浦さよ姫伝説の基礎的研究』、山田雄司『怨霊・怪異・伊勢神宮』）、その後の『源氏物語』にも同様にみえている。天永元年（一一一〇）には鏡宮正殿の修理のため神体を仮殿に動座することの可否について朝廷で軒廊御卜を行い、元永元年（一一一八）にも鏡宮寺中門に鏡が顕現したことについて朝廷で軒廊御卜を行ったことが『中右記』に記されていて、このころには朝廷の関与を得る有力な神社であったことがわかる。本書の成立も、このような鏡宮の有力化と関係しているのであろう。

本縁起の内容

主体部をなす「本縁起」には、祭神である広嗣の伝記と、怨霊化した広嗣の霊を慰めるために鏡宮・神宮知識無怨寺が整備された過程が叙述されている。その内容としては、広嗣は一日の内に都と大宰府を往復するなど非常に優秀な人物であり、功績もあげて右近少将になったこと、称徳天皇が道鏡を寵愛するについて上表文を差し出したが、天皇は従わなかったこと、ついで玄昉が広嗣妻に横恋慕したので広嗣が怒り、その結果広嗣は征討され、その後、荒ぶる広嗣の霊は吉備真備によって和らげられ、さらに真備などの尽力により慰霊のため鏡宮・神宮知識無怨寺が整備されたこと等が書かれている。ただ以上はかなり簡略化して紹介したもので、さまざまなディテールを含み、また関係する話を付加している。「本縁起」の内容を箇条書きにしてやや詳しく掲げておこう。

「本縁起」の内容

内容の詳細

序詞

　撰述の経緯、執筆者、伝者。

Ⅰ広嗣の紹介と優秀さ

　広嗣の系譜と官歴。

　広嗣の非常に優れていること。

　　五異

一　髻中に一寸余の角を生ず。　二　宇佐の玉殿に候して、囲碁を奉仕。
三　竜馬が出来。　四　峙面の従者が竜馬におくれず。
五　花洛と鎮西を朝夕に往返。

七能

一　形態端厳にして強軟自在。　二　文籍に通達し、内外に融洞。
三　武芸は超輩し戎道を練習。　四　歌舞は和雅にして、聴くに感ぜざるなし。
五　管絃は幽微にして、律呂違わず。　六　天文宿曜陰陽に通達。
七　妻室花容にして希有。

吉備真吉備と道鏡と広嗣近親の人々が、広嗣の優秀さと、害をなすことを話し合う。

新羅賊に会し、勤公により天平十四年十一月従四位下右近少将となる。


Ⅱ称徳天皇・道鏡の関係と広嗣の上表、和気清麻呂の説話

高野姫天皇（称徳）が道鏡を寵愛し天変も起きる。

広嗣が上表する。上表文引用。

帝は表奏をいれず、玄昉に譲位する由を、和気清麻呂を勅使として宇佐大神宮に奏せしめる。以下清麻呂の受難と神護寺の建立譚。

Ⅲ広嗣の征討に関わる話

玄昉が広嗣の在京の妻に横恋慕し、広嗣はたちまち上洛して、高声にて放言する。世人は僧正は殺されるかと噂し、広嗣は必ず凶計を致すので、朝廷より却(しりぞ)け身命を断つに如かずとする。

朝廷は軍を徴発し大野東人を大将軍として広嗣を征討せしめ、板倉橋河で対峙する。広嗣は肥前国松浦郡値加浦に遁去、隣朝を目指したが吹き返され、小値嘉嶋、ついで松浦橘浦に着く。忌日は十月十五日である。

Ⅳ広嗣霊の鎮撫、鏡宮と神宮知識無怨寺の整備、道鏡の没落など広嗣死後の話

遺体は三日空中にあって流電し、落ちた所が今の鏡宮である。併せて鏡宮の名の由来。広嗣霊を鎮めるため真吉備を遣わす。真吉備は修法し、宿ごとに河臨祓(かりんのはらえ)を勤め、宗像郡からは匍匐(ほふく)して来たり、師としての唱えを申すに、広嗣の忿心は和らいだ。道鏡は北斗七星の法、調伏の法を修せしめ、また六尺弥勒仏像を造り、金泥法華経を書写し、二十口の僧を使いとしてこれを納めた。

勅使真吉備は天平十七年廟殿二宇を造立、両所廟を鎮座し、神宮知識無怨寺を建立、仏・経を安置。住僧・宮寺雑掌人(ざつしょうにん)を置き、天平十九年十二月騰勅符(とうちょくふ)により年分(ねんぶん)戒者を置

く。

天皇の寵愛甚だしく、道鏡は太政大臣に任じられるも、天皇が崩ずると下野国薬師寺別当に下されて死ぬ。世人は藤少将の霊罰と云った。舎弟弓削清人(ゆげのきよひと)らも流され死んだ。十余年を過ごす間、真吉備は松浦藤廟に奉事せんと祈念、天平勝宝六年大宰都督に任じ、廟宮二季の読経等を行い、その料の田地を施入、また神宮無怨寺に水田を寄せ置く。

その次いでに鏡尊廟の号を定めた。

則ち大悪忿怒といえども真吉備に祈り鎮められる。以下真吉備への賛辞。

結語

則ち大略を記す。後代の宮寺の間に神妙稀有のことあれば、緇素(しそ)注し加えよ。

荒唐無稽な内容

縁起書には虚構や信憑性の劣ることがしばしば書かれるものだが、本書にはそれがかなり目立つ。まず広嗣の異能・優秀振りを強調すること、多弁にして過激で、竜馬を得て都と鎮西を往復した等の「五異」、文籍に通達し、武芸・歌舞・管絃に優れ、天文宿曜陰陽に通じた等の「七能」が書かれている。そして天平十四年新羅(しらぎ)賊来襲の時の功績で従四位下右近少将になったという、ありえない話が書かれている（天平十四年もおかしいが、右近少将も平安時代にできた官職である）。

道鏡の登場

また道鏡が登場することも荒唐無稽振りを際立たせている。その内容は、称徳天皇の寵愛、広嗣の上表にもかかわらず称徳が帝位を譲ろうとしたこと（ただしここでは「玄昉」の名前）、広嗣死後の慰霊に関わったこと、一族とともに栄達を極めたが称徳死後に下野へ流され、その死は広嗣の霊罰と噂されたこと等が書かれ、和気清麻呂の宇佐下向から配流、さらには後年の神護寺建立の話まで載せられている（このほかに広嗣の優秀ぶりを話し合ったという中に真備とともに名前が出る）。

広嗣妻をめぐる玄昉との確執の話

またすでに触れたように、本書には玄昉による妻への邪恋に広嗣が怒り、たちまち上京して威嚇したことが元になって乱が起こったことが書かれているが、この広嗣の妻をめぐる玄昉との確執の話を載せることは本書の特徴である。本書とほぼ同時期に成り、

今昔物語集との共通点と相違点

やはり広嗣の生涯を描き出しているのが先に紹介した『今昔物語集』である。こちらの方はかなり簡略だが、広嗣が優秀で右近少将になったこと、都と大宰府を一日に往復したこと、吉備真備によって広嗣の霊が鎮撫されたことが書かれており、これらは本書と共通する。また、真備が広嗣の師だったということも両書に書かれている。しかし本書が道鏡を登場させ、一方で妻をめぐる玄昉との確執を載せることで、説話内容は『今昔

物語集』とは若干異なったものとなり、『今昔物語集』では、広嗣征討の理由は広嗣が光明皇后・玄昉の関係について解文を差し出したためとするのに対し、本書では、称徳・道鏡についての上表は征討に結びつかず、一方玄昉の横恋慕からくる確執が広嗣征討の原因になっている。

また本書では広嗣霊に関して、死後も空中で電光として輝き、勅使をはじめ死亡する者が多かったとか、廟霊忿怒の時には御在所の方丈が光って鏡のごとしとあるなど、その霊威は鏡宮の名に引きつけた描写になっており、玄昉をとり殺した話はみえない。また真備と広嗣霊との感応を示し、真備の大臣出世は広嗣廟の助成であると言っている。

以上のように本書の記述はほぼ同時代のほかの書とは異なるものを含んでいる。先に紹介したとおり『七大寺巡礼私記』興福寺の段には「古老伝えて云わく」として広嗣怨霊による玄昉殺害の記事があるが、同書にはその話を補うように、「玄昉と広継との結怨の因縁は女の事なり」と述べて、本書の記事に基づいてそれを抄略・整備したとみられる記事があり、それは「口伝に云わく」として記述されている。つまり「古老伝えて云わく」とは別の情報源によって書かれたものであり、広嗣霊による玄昉殺害の伝承と松浦宮の縁起の話が別系統で存在していた様子がここに現れている。

道鏡の登場については、道鏡をめぐる一連の歴史的経緯の話を丸ごと組み入れている感がある。その背景には九州北部における宇佐八幡信仰の広がりも想定できよう。次節でみることになるが、本書の影響は意外に大きく、中世にはその内容がそれなりに流布していた状況がうかがわれる。しかしその影響を受けた説話に道鏡は登場しない。本書の鎌倉時代書写の抄略本が現存するが、そこにも道鏡は登場しない。道鏡関係の話は後世に増補されたとの見方もあるが、おそらくは道鏡関係の話があまりにも無理があることから、本書の内容が受け継がれてくる過程でその話はさすがに避けられたのだろう。

四　その後の広嗣説話と信仰

説話の混合

広嗣の説話は、広嗣が怨霊化して玄昉をとり殺すという話が展開していったが、さらに広嗣の超人伝説、玄昉の女性問題などが説話として展開してきていた。以後、これらが混ざり合いながら諸書に受け継がれていく。

十巻本伊呂波字類抄の記事

平安時代最末期の記載とみられる十巻本『伊呂波字類抄』諸社部には「松浦明神」の項があり、そこには『松浦廟宮先祖次第并本縁起』から「本縁起」の一部がそのまま引用され、また「先祖次第」の原型と言えるものも並記されている。

古今著聞集の記事

鎌倉時代、建長六年（一二五四）成立の説話集『古今著聞集』には、「右近少将広継宰府に下りて竜馬を得たる事」として、広嗣が大宰府の郭中に一声に続けて七声嘶く馬を聞いて高値で買い取ったところ、これは竜馬で、それに乗って午前には大宰府で、午後には朝廷で勤めたという話が載っている。表現の共通性からみて、これは基本的に「本縁起」に由来する話である。

一代要記の記事

十三世紀後半に成立し、鎌倉時代末まで書き継がれた年代記である『一代要記』には、聖武天皇の段に「本縁起」が、ごく一部引かれ、一方観世音寺の供養の日に竜王が降臨して玄昉を取って昇天したという記述がある。

元亨釈書の記事

元亨二年（一三二二）成立の『元亨釈書』には玄昉の伝を載せ、玄昉が観世音寺で空中よりつかみ取られ、後日その頭が興福寺唐院に落ちたとし、それは広嗣の霊のなすところであるとし、世評にいう広嗣妻に花鳥の使を通わせた話をその原因としてあげている。

平家物語の記事

このように本縁起系の話と玄昉殺害説話とが混合していくが、中世においてそれが最も詳述されているのが延慶本『平家物語』であろう。前章で触れたように『平家物語』では、伊勢神宮行幸の先例として広嗣の乱時の聖武天皇行幸をあげ、そこに広嗣・

玄昉の説話を展開する。その内容は諸本により異同があるが、おおむね広嗣追討、玄昉空中拉致と興福寺への首落下、その時に空に笑う声がしたこと、また玄昉の音は「還亡」に通じるので、唐では帰国後に事にあうと言われたなどである。そして延慶本ではそれらに加えて、「本縁起」にみえる広嗣の五異七能に関わる説明や、広嗣の乱における戦いと逃亡に関わる描写、広嗣が死後も空中で光り輝き、その光を見て死亡する者が多かったこと、広嗣の師だった吉備真備が選ばれてその霊を鎮めたことなど、「本縁起」と表現が共通し、明らかに同書に由来する話がみえている。玄昉が広嗣妻に心を通わせたこともみえる。

延慶本平家物語の記事

源平盛衰記の記事

なお『平家物語』の一異本である『源平盛衰記』には、ほかの『平家物語』と異なる広嗣征討の理由が書かれている。それは、広嗣が光明皇后と玄昉の不倫を目撃し、それを奏上したので、聖武天皇が自ら赴いたところ、皇后は十一面観音、玄昉は千手観音の姿となって、ともに慈悲の顔を並べて衆生救済の方便を語っていた。そのため天皇は広嗣が国家を乱す臣であるとし西海道に流したので、広嗣は怨みをもって謀叛を起こしたのだという。この話は『今昔物語集』に載る光明皇后・玄昉の説話の系譜上にある。

この後も広嗣の説話は受け継がれていき、お伽草子にも採り上げられているが、ここではこの辺にしておこう。九州における地元の説話についてはのちに触れることにする。

広嗣への信仰

さて、このように伝承が展開してくるとともに、広嗣を祀る信仰も広がった。ここまで紹介したように十一～十二世紀の諸文献には広嗣が松浦の鏡宮に祀られていることがみえる。一方、御霊会の系統につらなる御霊としても信仰の対象となっていった。平安時代末期の仁安元年（一一六六）奥書のある『橘逸勢伝』には貞観五年の御霊会で祀られた霊を、崇道天皇、伊予親王、藤原夫人吉子、藤原広嗣、橘逸勢、文室宮田丸（麻呂）としており、『日本三代実録』に記される観察使（藤原仲成）が広嗣に置き換わっている。さらに同書の奥に書き入れられた「元暦元年暦録」には、この年（一一八四）四月十三日に八所神殿を造って、御霊会を行ったとし、御霊は崇道天皇、伊予親王、藤原夫人、藤原広嗣、橘逸勢、文室宮田丸、吉備真人（備）、火雷天神（菅原道真）の八所であるとしている。いわゆる八所御霊であり、その一所として藤原広嗣がみえている。

八所御霊

十巻本『伊呂波字類抄』にも「八所御霊」の記事があり、それは吉備聖霊（真備）、崇道天皇、伊予親王、藤原夫人、藤大夫、橘大夫（逸勢）、文大夫（文室宮田麻呂）、火雷天神であり、「藤大夫」が「大宰少弐兼右少将藤広嗣、肥前国松浦郡に坐すと云々」という注があるので、広嗣のことである。

御霊神社

このように広嗣は八所御霊の一所として信仰の対象になっていった。今日、御霊神社の名を有する神社は各地にあり、祭神は個人、神話上の神などもあるが、八所御霊またはその一部を祀る神社があり、京都の下御霊(しもごりょう)神社のように、その中に広嗣がみえることがある。また広嗣だけを祀る御霊神社もある。

鏡　神　社（唐津観光協会提供）　奥に見えるのが二の宮

九州の神社

鏡神社

広嗣を祀る神社には、このような御霊神社系の神社のほかに、九州における神社がある。佐賀県唐津市鏡の鏡神社はいにしえの鏡宮で、松浦佐用姫(まつらさよひめ)が大伴狭手彦(さでひこ)の渡海する時に別れを惜しんで領巾(ひれ)を振ったという伝説で有名な

（上）大村神社（唐津観光協会提供）

（下）境内に安置される「無怨寺」の額束（鳥居の額）

鏡山の麓にあり、その二宮に広嗣を祀る。鏡宮が有力な神社となっていたことは前節で触れたが、中世においても文献に「鏡宮」「鏡社」「鏡宮寺」「鏡神宮寺」などとみえて勢威を誇っていた。また現境内からは平安末～鎌倉時代の礎石瓦葺建築の遺構や経塚が発見されている。

大村神社

一方、鏡神社から六キロほど離れた同市浜玉町五反田にある大村神社も広嗣を祀る。江戸時代には無怨寺があり、無怨寺大明神あるいは大村大明神などと呼ばれ、明治の神仏分離で大村神社となった。神殿の下が広嗣を葬った所という伝承がある（『七山村史』）。この地域には古代に大村駅があり、大村神社から奈良・平安時代の瓦も出土している。近隣では観応三年（一三五二）の「僧朗□〔舜カ〕」による逆修板碑が出土し、また「大門」の字名があるなど、古くより一定規模の寺院があったらしい。「本縁起」には、天平十七年に吉備真備が廟殿二宇を造立し、両所廟を鎮座せしめ、神宮知識無怨寺を建立したなど、無怨寺についての記事がみられ、鏡宮と無怨寺は深い関係にあった。中世に鏡宮大宮司を勤めた草野氏は大村に居館を構え、また至徳四年（一三八七）の鏡宮関係の文書「鏡社・天満宮両社くだ物盛数控」にも「むおん寺」がみえており（「妙音寺文書」『佐賀県史料集成古文書編』二八）、鏡宮との関係が継続している。

先に述べたように「本縁起」の説明には、弥勒知識寺に関わる事実が含まれていて、鏡宮無怨寺が弥勒知識寺の後身とする見方があるが、鏡宮自体古くから宮寺であって、鏡宮二宮の方を弥勒知識寺にあてる見方もあり、「本縁起」においては鏡宮と神宮知識無怨寺の関係が曖昧なことから、これらの沿革を正確に描き出すのは難しい。貞観の再興以後の弥勒知識寺については、『東大寺要録』に東大寺の末寺としてみえ、一方、弘安八年（一二八五）「東大寺注進状案」（『鎌倉遺文』二〇―三五七頁）には、「顚倒」（廃絶）してその由来はわからないとされているが、これは東大寺の支配をこのころには脱していたことを示すのだろう。鏡宮と無怨寺それぞれの盛衰が「本縁起」の記載にも影響していると思われるが、いずれにしろ、具体的な継承関係について不明ではあるものの、鏡宮と無怨寺双方とも弥勒知識寺における広嗣信仰の系譜上にあることは言えるだろう。

他の鏡神社

同じ佐賀県でも有明海側の小城市小城町池上にも広嗣を祀る鏡神社がある。また福岡県の福岡市早良区にも鏡神社があり、広嗣を祀る。ちなみに鏡神社と言えば、奈良県の奈良市高畑町、新薬師寺のすぐ傍に鏡神社（南都鏡神社）があり、広嗣を祀っている。

奈良の鏡神社

社伝によれば、大同元年（八〇六）に新薬師寺の鎮守として創祠されたのが当社の始まりという。その西方約一・四キロ、元興寺の南にあたる奈良市薬師堂町には御霊神社があって、八所御霊の一として広嗣を祀っており、近傍であることが興味を引く。高畑町には吉備真備の墓と伝える吉備塚（実際には六世紀初頭の古墳）や、例の頭塔もあって、この辺りは広嗣説話との関係が深い。

九州の広嗣伝承

さらに九州各地には広嗣関係の伝承が分布しており、関係する神社にも触れながら紹介していこう。その多くは広嗣に同情的である。

唐津と東松浦半島の伝承

佐賀県の唐津市から東松浦半島にかけては広嗣の最期をめぐる伝承がみられる。東松浦半島の中ほど、唐津市枝去木の馬部は、広嗣が逃げる途中、馬を深田に乗り入れ、捕らえられた所といい、またそれより北の唐津市鎮西町早田にも広嗣の潜伏や死亡・葬地の伝承があり、早田鎮守神社には広嗣の霊を慰める権現社が合祀されている。

寛政元年（一七八九）の『松浦古事記』には、敗れた広嗣は仮屋浦に出たが頭痛がひどく、仮屋を建てて漁師たちが介抱した。その時頭痛に障らぬよう物音を禁じたとある。文化年間の『松浦拾風土記』にはその時広嗣が休んだ石を「石畳」といい、そこを「畳崎」というとある。東松浦半島西側の佐賀県東松浦郡玄海町仮屋のことであり、いま仮屋湾口に突き出た岬の高岩鼻の近くに「畳石」がある。広嗣は病癒えたのち、竜馬に乗り海を渡ろうとしたが、馬が進まず、馬の首を切り浮木に乗って海に出、舎人が馬を葬り自害したという。今もその馬と舎人を葬ったという竜駒社がある。

海に出た広嗣は結局茅原ヶ浦すなわち大村に着いた。そこの人々は焚き火にあてたが（『松浦古事記』）、広嗣はここでも頭痛に悩まされ、浦中が物音を止め介抱したものの死んだ。村人は広嗣を葬り茅原寺を建立、その後無怨寺大明神と改称し、さらに御寺大明神と崇敬したという（『無怨寺大明神別録』。『松浦記集成』所引）。これは今の大村神社につながる話である。また広嗣を焚き火で暖めた翁を焚火（焼火）の翁とし、のちに鏡宮末社として祀ったという。現在、鏡神社の境内に身体の痛みを癒やす立神様として祀られている。なお『太宰管内志』には、広嗣の遺骸は玉島川の川尻に打ち寄せたのを浦人たちが引き上げて埋葬し、そこに寺を作ったという土地の人の伝えを載せている。

また大村神社のある浜玉町から近い、佐賀・福岡県境の海沿いに七郎神社という小社があり、ここは広嗣の馬卒右馬七郎という者が隠れたが、咳をしたため発見され殺された所で、地元の人が憐れんで祠を建てたといい、かぜ、喉、ぜんそくの神様として参拝されているという。

板櫃川周辺の伝承

乱における対戦地だった北九州市の板櫃川周辺にも伝承がある。板櫃川東の竪林という所は、官軍が楯を並べて陣を構えたことからの地名といい、また第四で触れたように屏賀坂は兵か坂とも書き、官軍が布陣した所という。屏賀坂の西南、槻田川南の丘陵上には広嗣軍の陣に由来するという陣ヶ辻という小字がある。地元の民話では、広嗣軍は板櫃川西の到津の丘に布陣、敗れた広嗣は西の黒崎から船を出したが戻ってきてしまい、家来に首を切らせた。首は天高く舞い上がり行方は知れず、胴体を荒生田の広嗣の森に埋めたという（大隈岩雄編『北九州の民話　第二集』）。いま北九州市八幡東区川淵町の板櫃川沿いにある荒生田神社には広嗣が祀られている。もともとやや下流にあった明神社に広嗣が祀られていたが、明治時代に現在地にあった水神社と合併して荒生田神社となっている。

板櫃川の東、紫川左岸には篠崎八幡神社があり、官軍は板櫃川の東に陣し、勅して大将軍東人に篠崎八幡神社に祈らしめて勝利し、幣帛・神鏡・神馬を奉らしめたという。

飯岳山の伝承

豊前国を南に行くと、京都平野とその西の香春との間に山稜が連なり、そこの大坂山は飯岳山とも言うが、東に下った福岡県京都郡みやこ町犀川大坂に飯嶽神社がある。その祭神は伊弉諾命・伊弉冉命・藤原広嗣霊で、伝えられるところによると、広嗣が管内を巡視した時この山で飢を覚え、里人が山下に走り飯を炊いて広嗣にすすめたところ、広嗣はその速さを賞して今後この山を飯嶽と称すべしと言い、さらに東の麓でも飯湯を差し上げたが、味甘美にしておかわりを所望した。そしてこれらにより税を減免され、広嗣敗死ののちにはその霊が火のごとく飛来し、土地の人々は山上に広嗣の霊を祀ったという（『京都郡誌』『福岡県神社誌 下』）。ちなみに右の話は同所の「三杯湯祭式」の起元ともされているが、大坂の三杯湯とは、来賓に必ずお湯三杯を進める祝賀の慣習で、それは景行天皇を迎えた時にお湯を奉り、天皇がそれを嘉納されたことに由来するともいう（『京都郡誌』）。元来、固有名詞を持たなかった地域の神＝首長の伝承に、地域に関係のある歴史上の著名人の名が仮託されたのであろう（鈴木景二「古代豊前の「大坂」峠」）。

飯塚の伝承

この飯岳山の南を通る大坂越えは田河郡と仲津郡を結ぶ要路で、大宰府から豊前国府に向かう豊前路に接続していたと考えられる。乱の時に広嗣の一軍が「田河道」を進んだことが想起される。豊前路を西に行くと飯塚市があり、同市東徳前の老松神社に広嗣の伝承がある。広嗣が反し、徳前村に至った時、白髪の仙翁が来て、一行の馬上に王城の守護神祇園牛頭天王がいること、広嗣は敗死するだろうことを告げた。人々がみるに金色に輝く神像があり、みな伏して拝し、神体を降ろすと馬は宙に飛び去った。その後広嗣の誅せられたことを聞き、村民は神祠を奉安したという。

豊後における伝承

旧豊後国内だが宇佐に近い大分県速見郡日出町豊岡にある八津島神社は天平六年に宇

佐高春が建立したという由緒を持ち、その境内の末社に広嗣関係の伝承がある。広嗣挙兵の折、宇佐高春が応援を断ったところ、乱後その怨霊が飛来し、高春は病死しその孫・子も大病にかかった。後年高春の子孫は広嗣の霊を慰めるために小祠を造った。鏡宮といい、氷室大神ともいい、疱瘡の神として崇敬されてきたという（中野直毅「藤原広嗣の乱と古代官道」所引「鏡宮由来記」）。

以上、広嗣を祀る神社や、九州における広嗣関係の伝承をみてきたが、ここでとりあげた以外にも多くの伝承があり、神社もすべてをあげたわけではない。その広がりは、広嗣という人物が深く人々の心に根をおろしてきたことを物語っていると思われる。

藤原広嗣関係系図

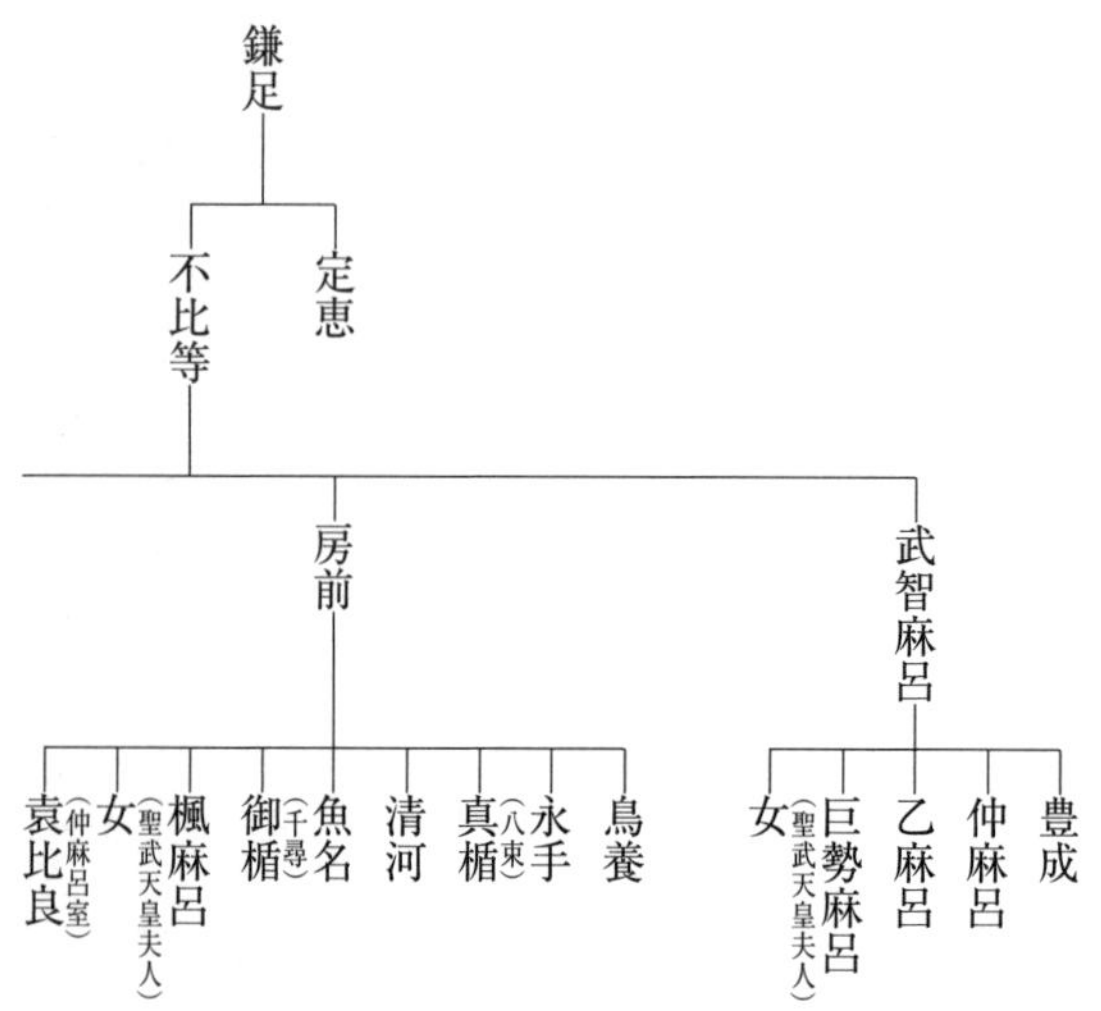
鎌足
不比等
定恵
武智麻呂
房前
豊成
仲麻呂
乙麻呂
巨勢麻呂
女（聖武天皇夫人）
鳥養
永手（八束）
真楯
清河
魚名（千尋）
御楯
楓麻呂
女（聖武天皇夫人）
袁比良（仲麻呂室）

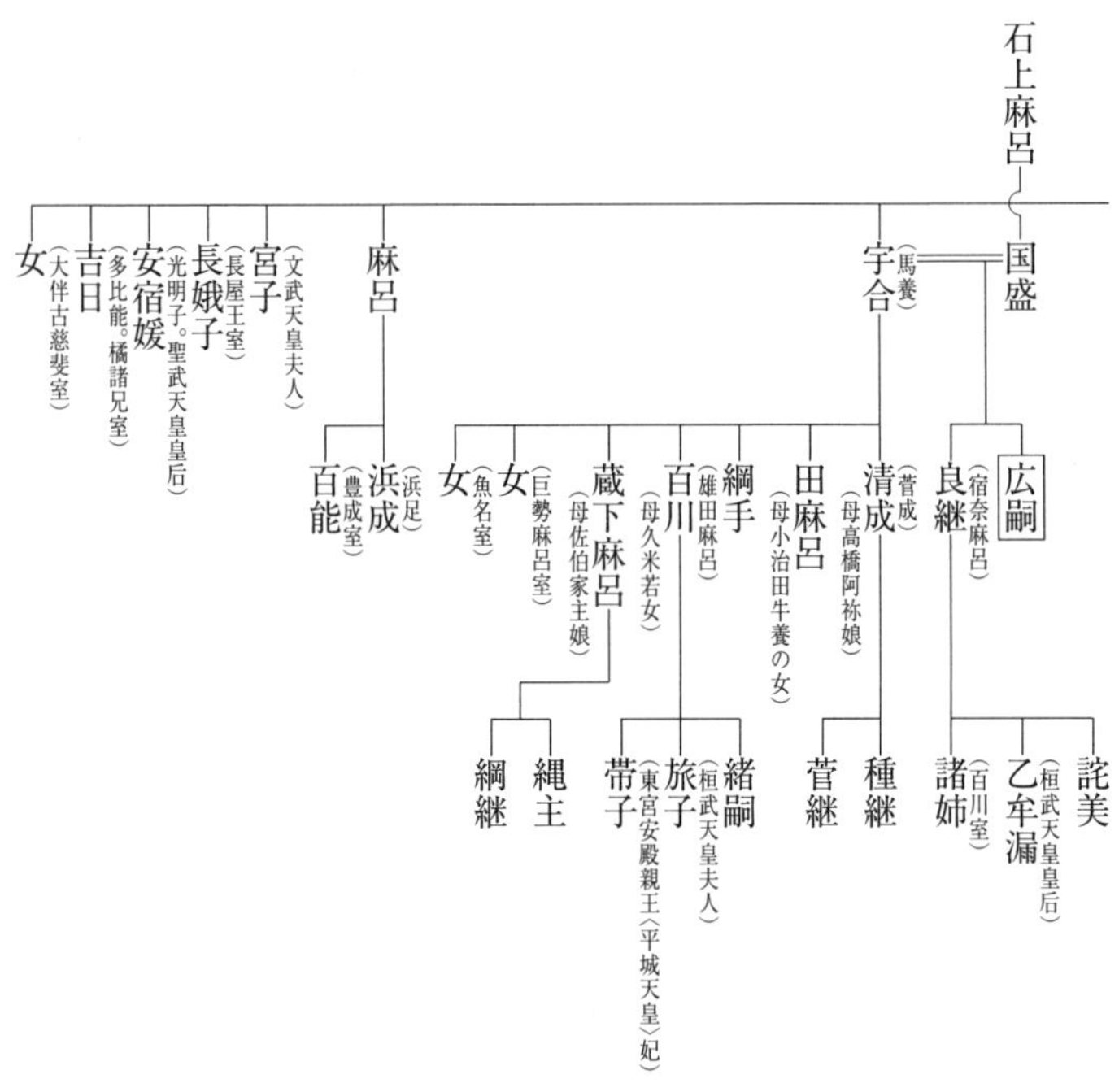
石上麻呂
国盛
宇合（馬養）
広嗣
良継（宿奈麻呂）
詫美（桓武天皇皇后）
乙牟漏
諸姉（百川室）
清成（菅成）（母高橋阿祢娘）
種継
菅継
田麻呂（母小治田牛養の女）
綱手
百川（雄田麻呂）（母久米若女）
緒嗣
旅子（桓武天皇夫人）
帯子（東宮安殿親王〈平城天皇〉妃）
蔵下麻呂（母佐伯家主娘）
縄主
綱継
女（巨勢麻呂室）
女（魚名室）
麻呂
浜成（浜足）
百能（豊成室）
宮子（文武天皇夫人）
長娥子（長屋王室）
安宿媛（光明子。聖武天皇皇后）
吉日（多比能。橘諸兄室）
女（大伴古慈斐室）

皇室略系図（数字は代数）

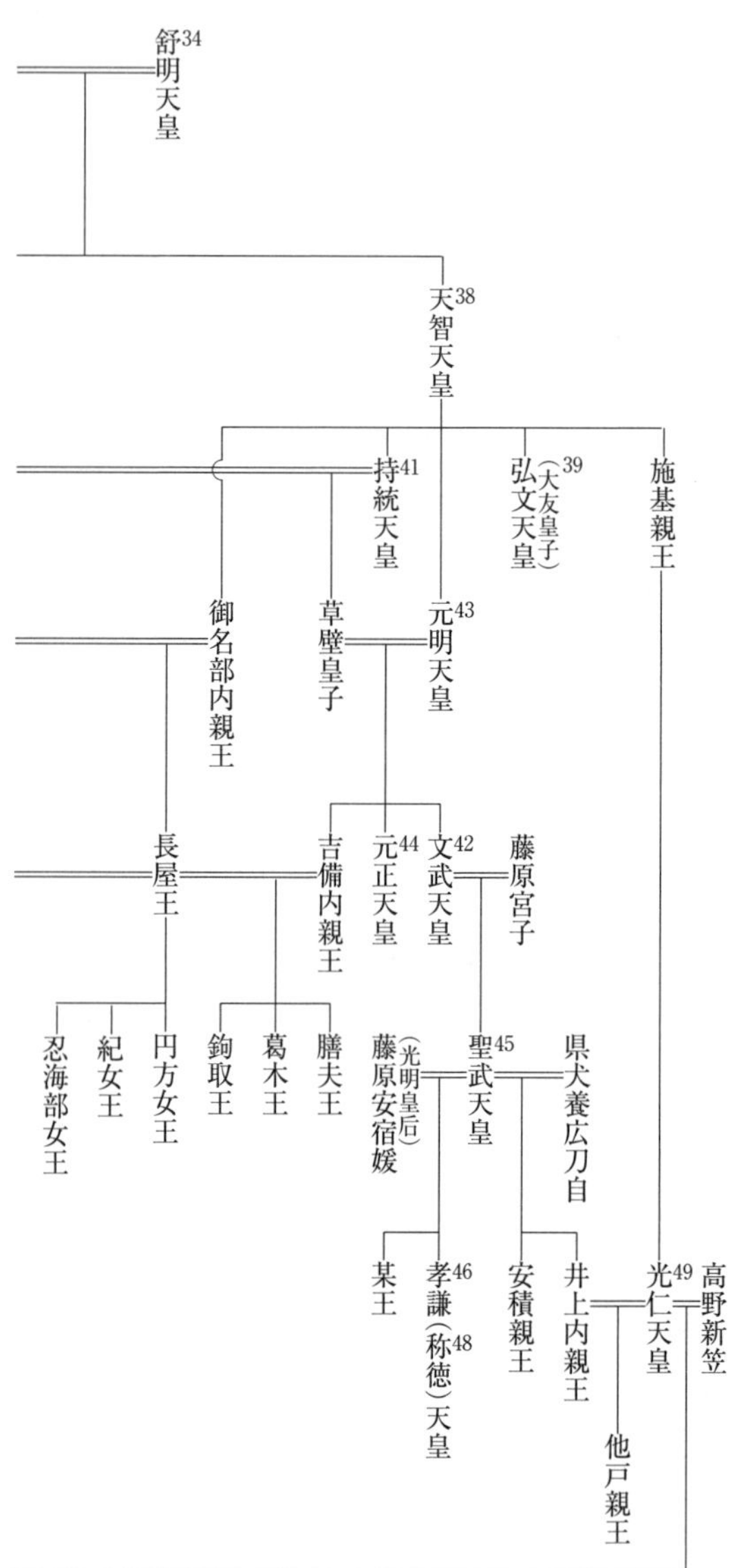
舒明天皇 34
天智天皇 38
施基親王
弘文天皇 39（大友皇子）
持統天皇 41
御名部内親王
草壁皇子
元明天皇 43
藤原宮子
文武天皇 42
元正天皇 44
吉備内親王
長屋王
膳夫王
葛木王
鉤取王
円方女王
紀女王
忍海部女王
県犬養広刀自
聖武天皇 45
藤原安宿媛（光明皇后）
高野新笠
光仁天皇 49
井上内親王
安積親王
孝謙 46（称徳 48）天皇
某王
他戸親王

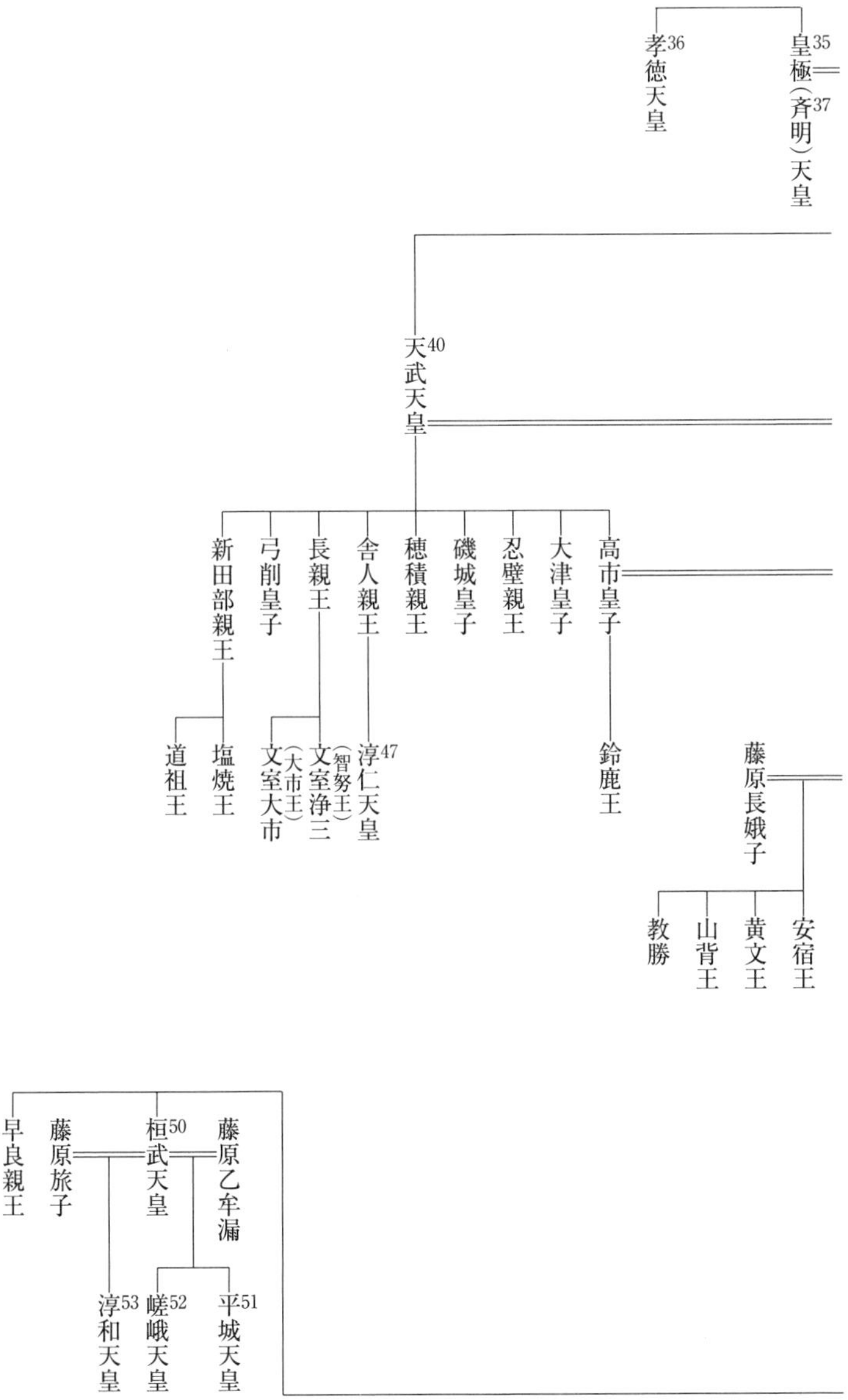

皇極（斉明）天皇[35][37]
孝徳天皇[36]

天武天皇[40]

高市皇子
大津皇子
忍壁親王
磯城皇子
穂積親王
舎人親王
長親王
弓削皇子
新田部親王

鈴鹿王
淳仁天皇[47]
文室浄三（智努王）
文室大市（大市王）
塩焼王
道祖王

藤原長娥子

安宿王
黄文王
山背王
教勝

略年譜

年次	西暦	年齢（推測）	広嗣ならびに父宇合と弟たちに関する事項（宇合と弟たちは一字下げて記載）	一般事項、関係事項
持統 八	六九四		宇合、誕生	
文武 元	六九七			八月、持統天皇譲位、文武天皇即位
大宝 元	七〇一			大宝律令を施行し始める
慶雲 元	七〇四			正月、石上麻呂、右大臣となる
四	七〇七			六月、文武天皇没。七月、元明天皇即位
和銅 元	七〇八			三月、石上麻呂左大臣、藤原不比等右大臣となる
三	七一〇			三月、平城遷都
七	七一四	一	広嗣、このころ誕生	六月、首皇子立太子
霊亀 元	七一五	二		九月、元明天皇譲位、元正天皇即位
二	七一六	三	八月、宇合遣唐副使となる。時に正六位下。ついで従五位下に叙される○この年、良継誕生	
養老 元	七一七	四	宇合、入唐。一〇月に唐の朝廷に至る	三月三日、左大臣石上麻呂没○九日、遣唐押使多治比県守に節刀を授く。

年号	年	西暦	年齢	事項	一般
					玄昉・下道（吉備）真備、この遣唐使に従い入唐○一〇月、藤原房前、朝政に参議
	二	七一八	五	一二月、宇合、帰国	一二月、遣唐押使多治比県守ら帰国
	三	七一九	六	正月、宇合、正五位上に叙される○七月、宇合、安房上総下総按察使となる。時に常陸守	
	四	七二〇	七		八月、右大臣藤原不比等没
	五	七二一	八	正月、宇合、正四位上に叙される	正月、長屋王右大臣、藤原武智麻呂中納言となる○一〇月、房前、内臣となる○一二月、元明太上天皇没
	六	七二三	九	田麻呂、誕生	
神亀	元	七二四	一一	四月、宇合、陸奥の蝦夷を征するために持節大将軍となる。時に式部卿。一一月帰還	二月、元正天皇譲位、聖武天皇即位。長屋王、左大臣となる
	二	七二五	一二	閏正月、宇合、征夷の功により従三位勲二等に叙される	
	三	七二六	一三	一〇月、宇合、知造難波宮事となる	
	四	七二七	一四		閏九月、聖武天皇夫人藤原安宿媛、皇子を生む○一一月、皇子立太子
	五	七二八	一五		九月、皇太子没
天平	元	七二九	一六	二月、宇合、六衛の兵を率い長屋王宅を囲む	二月、長屋王の変○三月、藤原武智麻呂、大納言となる○八月、藤原安

和暦	西暦	年齢	事項	一般事項
				宿媛立后
天平三	七三一	一八	八月、宇合、参議となる○一一月、宇合、畿内副惣管となる	八月、藤原麻呂、参議となる○一一月、惣管・鎮撫使を置く
四	七三二	一九	八月、宇合、西海道節度使となる○この年、百川誕生	八月、遣唐使と節度使を任命
六	七三四	二一	正月、宇合、正三位に叙される○この年、蔵下麻呂誕生	正月、藤原武智麻呂、右大臣となる○四月七日、大地震○二一日、節度使を停止
七	七三五	二二		三月、入唐大使多治比広成、節刀を進む。玄昉・下道真備、この遣唐使に従い帰国○八月、大宰府に疫死者多く、奉幣・読経・賑給他を行う○九月、新田部親王没○一一月、舎人親王没○この年不作、夏から冬に天下、豌豆瘡を患い、夭死者多し
九	七三七	二四	八月五日、宇合没。時に参議式部卿兼大宰帥正三位 九月二八日、広嗣、従六位上から従五位下に昇叙。こののち式部少輔となる	四月一七日、参議藤原房前没○一九日、大宰管内に疫瘡死者多く、奉幣・賑恤他を行う○六月一日、百官官人疾により廃朝○二三日、中納言多治比県守没○七月一三日、参議藤原麻呂没○二五日、藤原武智麻呂を

				正一位左大臣とす。即日没す○八月、玄昉、僧正となる○九月二八日、鈴鹿王知太政官事、橘諸兄大納言、多治比広成中納言となる○一二月一二日、藤原豊成、参議となる○二七日、大倭国を大養徳国に改める。皇太夫人藤原宮子、玄昉の治療により聖武天皇と会う○この年春、疫瘡大発、筑紫より来て夏から秋に渉る。公卿以下百姓相次いで没す
一〇	七三八	二五	四月二二日、大養徳守となる。式部少輔もとの如し○一二月四日、大宰少弐となる	正月、阿倍内親王立太子。橘諸兄、右大臣となる
一一	七三九	二六		三月、石上乙麻呂、久米若売を姧するにより土佐国に配流、若売は下総国に配流○五月、諸国兵士を停止
一二	七四〇	二七	八月二九日、上表して時政の得失を指し、天地の災異を陳べ、玄昉・下道真備を除くことを述べる○九月三日、広嗣兵を起こして反すとして、大将軍以下を任じ、軍を徴発○一五日、乱により諸国に観世音菩薩像を造り、観世音経を写さしむ○二四日、大将軍大野東人、豊前国の三鎮制圧等を報	六月、天下諸国をして法華経一〇部を写し、七重塔を建てしむ○一〇月二九日、伊勢国行幸に出発○一一月二日、伊勢国壱志郡河口頓宮に至る。一二日出発まで滞在○三日、大神宮に奉幣○一四日、鈴鹿郡赤坂頓宮に

年号	西暦	事項	事項
		告。広嗣は遠珂郡家に軍営を造る○二五日、東人、豊前郡司の帰順等を報告○二九日、大宰管内官人・百姓に勅し、広嗣を非難、その斬殺に恩賞を約束○一〇月九日、東人、板櫃川における広嗣軍との対戦を報告○二三日、広嗣、肥前国松浦郡値嘉島長野村で捕獲される○一一月一日、広嗣と綱手、肥前国松浦郡で斬られる○三日、広嗣捕獲の報が天皇に達し、法により処決するよう詔する○五日、東人、処刑の報を天皇に発する	至る。二三日出発まで滞在○一二月一日、美濃国不破郡不破頓宮に至る。六日出発まで滞在○一五日、恭仁宮に到着
天平一三	七四一	正月一五日、藤原氏、不比等の賜った食封を返上○二二日、広嗣支党の処罰。死罪二六人等○閏三月五日、広嗣征討関係者らに叙位。従四位上大野東人に従三位○九月八日、京都新遷により大赦。広嗣縁坐者も赦される 良継、伊豆に流されていたが赦され少判事となる○田麻呂、隠岐に流されていたが赦される。しかし蜷淵山中に隠居	正月、伊勢大神宮及び七道諸社に奉幣、新京に遷る状を告ぐ○二月、国分寺建立の詔○七月、下道真備、東宮学士となる
一四	七四二		正月、大宰府を廃止○八月、初めて紫香楽宮に行幸
一五	七四三		六月、下道真備、春宮大夫となる○一〇月、盧舎那仏奉造の詔○一二月、筑紫に鎮西府を置く
一六	七四四		閏正月、難波宮に行幸○二月、難波

				宮から紫香楽宮に行幸
一七	七四五		一〇月、太政官謄勅符により肥前国松浦郡の弥勒知識寺に僧二〇口を置き、水田二〇町を施入	五月、平城還都○六月、大宰府を復置○一一月、玄昉、筑紫観世音寺造営に左遷
一八	七四六		四月、良継、正六位下より従五位下に昇叙	六月、玄昉没○一〇月、下道朝臣真備に吉備朝臣の姓を賜る○一二月、諸国兵士を復活
二〇	七四八			四月、元正太上天皇没
天平勝宝元（天平感宝元）	七四九			四月、藤原豊成、右大臣となる○七月、聖武天皇譲位、孝謙天皇即位
二	七五〇			正月、吉備真備、筑前守に左降。まもなく肥前守に遷る
三	七五一			一一月、吉備真備、遣唐副使となる
四	七五二			四月、盧舎那大仏開眼
六	七五四			四月、吉備真備、大宰大弐となる
八	七五六			五月、聖武太上天皇没
天平宝字元	七五七			七月、橘奈良麻呂の変
二	七五八			八月一日、孝謙天皇譲位、淳仁天皇即位○二五日、藤原仲麻呂、大保（右大臣）となり、姓に恵美の字を

天平宝字三	七五九		六月、百川、正六位上から従五位下に昇叙	加え、押勝の名を賜る
四	七六〇			正月、藤原恵美押勝、大師（太政大臣）となる○六月、光明皇太后没
五	七六一		正月、田麻呂、正六位上より従五位下に昇叙	
六	七六二		三月、田麻呂、石上宅嗣に代わり遣唐副使となる。時に左虎賁衛督（左兵衛督）。ただし船が破損し使節を縮小。田麻呂出発せず	六月、孝謙太上天皇、淳仁天皇を非難し、国家の大事・賞罰は自ら行うと宣す
七	七六三		良継、仲麻呂殺害計画のため除名	
八	七六四		九月、良継、兵数百を率い仲麻呂を追討。蔵下麻呂、兵を率い近江国高島郡三尾埼での戦いに駆けつけ、仲麻呂討たれる。蔵下麻呂従三位に叙される○一〇月、良継、正四位上大宰帥となる。蔵下麻呂、淳仁廃帝を淡路に衛送して幽閉	正月、吉備真備、造東大寺長官となる○九月一一日、藤原仲麻呂の乱起こる○二〇日、道鏡、大臣禅師となる○一〇月、淳仁天皇廃位、孝謙太上天皇重祚（称徳天皇）
天平神護元	七六五		二月、蔵下麻呂、近衛大将となる	一〇月、淳仁廃帝没○閏一〇月、道鏡、太政大臣禅師となる○一一月、藤原豊成没
二	七六六		七月、田麻呂、参議となる○一一月、良継、従三位に昇叙	正月、藤原永手、右大臣となる。吉備真備、参議から中納言となる○一〇月、道鏡法王となる。藤原永手左大臣、吉備真備右大臣となる

年号	西暦	事項	一般事項
宝亀元	七七〇	三月、由義宮にて河内大夫百川以下、和儛を奏す○七月、良継、参議となる○八月四日、参議兵部卿良継・近衛大将蔵下麻呂、左大臣藤原永手らとともに白壁王を皇太子に立てる。百川も関与○六日、近江国兵二百騎に朝廷を守衛せしめ、良継騎兵司となる○二二日、良継、大宰帥となる○一〇月、良継、正三位に昇叙	二月二七日、由義宮に行幸。四月六日還幸○八月四日、称徳天皇没○二一日、道鏡を造下野国薬師寺別当とする○一〇月一日、光仁天皇即位○一一月六日、井上内親王立后
二	七七一	三月、良継、中納言より内臣となる。百川、大宰帥となる○五月、蔵下麻呂、大宰帥となる○一一月二三日、百川、参議となる○二六日、田麻呂、大嘗祭由機国司として正四位上、翌日従三位に昇叙	正月、他戸親王立太子○二月、藤原永手没○三月、大中臣清麻呂、右大臣となる。これ以前吉備真備は致仕
三	七七二		三月、井上内親王廃后○四月、道鏡没○五月、他戸親王廃太子
四	七七三		正月、山部親王立太子
五	七七四	正月、良継、従二位に昇叙○四月、蔵下麻呂、大宰帥となる（宝亀二年との関係不明）○五月、百川、従三位に昇叙。蔵下麻呂、参議となる	
六	七七五	七月一日、蔵下麻呂没。時に参議大宰帥従三位勲二等	四月、井上内親王と他戸王、並びに没○一〇月、吉備真備没
八	七七七	正月、良継、内大臣となる○九月一八日、良継	

			没。時に内大臣従二位勲四等。従一位を贈られる	
宝亀一〇	七七九		七月九日、百川没。時に参議中衛大将兼式部卿従三位。従二位を贈られる○一二月、田麻呂、中衛権大将を兼ねる	
一一	七八〇		二月、田麻呂、中納言となる	
天応元	七八一		四月一四日、田麻呂、東宮傅を兼ねる○一五日、田麻呂、正三位に昇叙○六月、田麻呂、大納言兼近衛大将となる	四月三日、光仁天皇譲位、桓武天皇即位○四日、早良親王立太子○一二月、光仁太上天皇没
延暦元	七八二		六月、田麻呂、右大臣となる	六月、藤原魚名、左大臣を罷免
二	七八三		二月、百川、右大臣を贈られる○三月一九日、田麻呂没。時に右大臣従二位兼近衛大将皇太子傅。正二位を贈られる	
大同元	八〇六		六月、良継、平城天皇の外祖父として正一位太政大臣を贈られる	三月、平城天皇践祚、五月即位
弘仁一四	八二三		五月、百川、淳和天皇の外祖父として太政大臣正一位を贈られる	四月、淳和天皇践祚、即位
承和二	八三五		八月、太政官符により、衰退せる肥前国松浦郡の弥勒知識寺に僧五人を常住せしむ	

主要参考文献

一　史料関係　（　）内に掲げた刊本以外にも、原本・写本（写真を含む）を参照した場合がある。

日本書紀（日本古典文学大系・岩波書店、新編日本古典文学全集・小学館）
古事記（日本思想大系・岩波書店）
続日本紀（新訂増補国史大系・吉川弘文館、新日本古典文学大系・岩波書店）
日本後紀、続日本後紀、日本三代実録（以上、新訂増補国史大系・吉川弘文館）
日本紀略（新訂増補国史大系・吉川弘文館）
扶桑略記（新訂増補国史大系・吉川弘文館）
百練抄（新訂増補国史大系・吉川弘文館）
水鏡（新訂増補国史大系・吉川弘文館）
令義解、令集解（以上、新訂増補国史大系・吉川弘文館）
律令（日本思想大系・岩波書店）
訳註日本律令（東京堂出版）
類聚三代格（新訂増補国史大系・吉川弘文館）

類聚符宣抄（新訂増補国史大系・吉川弘文館）
公卿補任（新訂増補国史大系・吉川弘文館）
尊卑分脈（新訂増補国史大系・吉川弘文館）
風土記（日本古典文学大系・岩波書店、新編日本古典文学全集・小学館）
懐風藻（日本古典文学大系・岩波書店）
万葉集（日本古典文学大系・岩波書店、新編日本古典文学全集・小学館）
入唐求法巡礼行記（小野勝年『入唐求法巡礼行記の研究』・鈴木学術財団）
中右記（増補史料大成・臨川書店、大日本古記録・岩波書店）
七大寺巡礼私記（奈良国立文化財研究所編『七大寺巡礼私記』）
家伝（沖森卓也・佐藤信・矢嶋泉『藤氏家伝　鎌足・貞慧・武智麻呂伝　注釈と研究』・吉川弘文館）
延暦僧録（蔵中しのぶ『『延暦僧録』注釈』・大東文化大学東洋研究所）
橘逸勢伝（続群書類従・続群書類従完成会）
元亨釈書（新訂増補国史大系・吉川弘文館）
一代要記（続神道大系・神道大系編纂会）
十巻本　伊呂波字類抄（大東急記念文庫善本叢刊・大東急記念文庫）
長講法華経後分略願文（伝教大師全集四・世界聖典刊行協会）
東大寺要録（国書刊行会）

興福寺本　僧綱補任（大日本仏教全書）
松浦廟宮先祖次第幷本縁起（群書類従・続群書類従完成会）
延暦寺護国縁起（続群書類従・続群書類従完成会、大日本仏教全書）
諸寺建立次第、護国寺本諸寺縁起集、菅家本諸寺縁起集（以上、藤田経世編『校刊美術史料　寺院編』上巻・中央公論美術出版）
今昔物語集（日本古典文学大系・岩波書店、新編日本古典文学全集・小学館）
古今著聞集（新訂増補国史大系・吉川弘文館）
平家物語（日本古典文学大系・岩波書店、『延慶本平家物語全注釈』・汲古書院、ほか）
源平盛衰記（中世の文学・三弥井書店）
企救郡誌（佐野経彦編、国立公文書館蔵）
松浦古事記、松浦拾風土記、松浦記集成（以上、松浦叢書・吉村茂三郎）
太宰管内志（歴史図書社）
正倉院文書（大日本古文書・東京大学出版会）
若杉家文書（京都学・歴彩館蔵、大東文化大学東洋研究所編『若杉家文書『三家簿讃』の研究』）
石清水文書（寧楽遺文・東京堂出版）
妙音寺文書（『佐賀県史料集成　古文書編』一八・佐賀県立図書館）
東大寺文書（鎌倉遺文・東京堂出版）

大宰府史跡出土木簡概報　二（九州歴史資料館資料普及会）
平城宮木簡　一（奈良国立文化財研究所）
漢書（中華書局）
晋書　天文志（中華書局、『世界の名著　中国の科学』・中央公論社〈訳〉）
貞観政要（新釈漢文大系・明治書院）
金光明最勝王経（大正新脩大蔵経）

二　論文・図書

青木和夫「駅制雑考」（『日本律令国家論攷』）　岩波書店　一九九二年
青木和夫『日本の歴史3　奈良の都』（中公文庫版新装改版）　中央公論新社　二〇〇四年
秋本吉郎「九州及び常陸国風土記の編述と藤原宇合」（『風土記の研究』）　大阪経済大学後援会　一九六三年
阿蘇瑞枝『万葉集全歌講義』四　笠間書院　二〇〇八年
石母田正『日本の古代国家』（『石母田正著作集』三）　岩波書店　一九八九年
伊東尾四郎編『京都郡誌』　京都郡役所　一九一九年
伊藤博『万葉集釈注』四　集英社　一九九六年
今津勝紀「日本古代地域史研究の新視点―空間分析と生態学的アプローチ―」（『歴史

評論』七八六)　二〇一五年
上野利三「長屋王事件、藤原広嗣の乱、橘奈良麻呂の変の裁判の準拠法」(『松阪大学紀要』二〇―一)　二〇〇二年
上村俊洋「藤原広嗣の乱における「到着日説」と「合叙説」～『続日本紀』記事の日付の扱いについて～」(『鹿児島史学』四六)　二〇〇一年
内田正男『日本暦日原典』第四版　雄山閣出版　一九九二年
梅村恵子「「流」の執行をめぐる二、三の問題―日唐の家族意識の違い―」(池田温編『中国礼法と日本律令制』)　東方書店　一九九二年
大隈岩雄編『北九州の民話　第二集』　小倉郷土会　一九八四年
大高広和「大宰府成立前後の大宰府・豊前間の交通路」(大宰府史跡発掘五〇周年記念論文集刊行会編『大宰府の研究』)　高志書院　二〇一八年
大高広和「木簡からみた西海道の軍事と交通―福岡県延永ヤヨミ園遺跡出土木簡を中心に―」(『木簡研究』四二)　二〇二一年
大友裕二「「広嗣の乱」に関する一考察―「時政之得失」の解釈についての提唱―」(『皇学館史学』二七)　二〇一二年
大森亮尚『日本の怨霊』　平凡社　二〇〇七年
小笠原好彦『聖武天皇が造った都　難波宮・恭仁宮・紫香楽宮』　吉川弘文館　二〇一二年

小笠原好彦「平城京遷都と泉津」(『日本の古代宮都と文物』)　吉川弘文館　二〇一五年
小倉慈司「五月一日経願文作成の背景」(笹山晴生編『日本律令制の展開』)　吉川弘文館　二〇〇三年
小倉芳彦「直諫の構造」(『学習院大学文学部研究年報』二七)　一九八一年
尾山篤二郎『大伴家持の研究』　平凡社　一九五六年
梶原義実「豊前・筑前地域における寺院選地」(『古代地方寺院の造営と景観』)　吉川弘文館　二〇一七年
加美宏「藤原広嗣の乱の記録と説話」(『軍記と語り物』五)　一九六七年
亀田隆之「律令貴族の改名に関する覚書」(『人文論究』四二―四)　一九九三年
亀山市まちなみ文化財室・亀山市歴史博物館編『鈴鹿関』(Web 図録)　二〇一六年
加茂町史編さん委員会編『加茂町史』一　古代・中世編　加茂町　一九八八年
唐津市教育委員会編『鏡神社経塚　古代の森建設にともなう文化財調査報告』　一九八六年
唐津市教育委員会編『鏡神社』　鏡神社一の宮建設委員会　一九八六年
唐津市史編纂委員会編『唐津市史』　唐津市　一九六二年(復刻一九九一年)
北啓太「天平四年の節度使」(土田直鎮先生還暦記念会編『奈良平安時代史論集』上)　吉川弘文館　一九八四年
北啓太「律令国家における征討軍報告書について」(笹山晴生編『日本律令制の構

造』）　吉川弘文館　二〇〇三年
北　啓太「『松浦廟宮先祖次第幷本縁起』について」（佐藤信編『史料・史跡と古代社会』）　吉川弘文館　二〇一八年
北九州市教育委員会編『屛賀坂遺跡』　一九七七年
北九州市史編さん委員会編『北九州市史』古代・中世　北九州市　一九九二年
北村優季「古代の都市問題」（『平城京成立史論』）　吉川弘文館　二〇一三年
北山茂夫「七四〇年の藤原広嗣の叛乱」（『日本古代政治史の研究』）　岩波書店　一九五九年
木下　良『事典　日本古代の道と駅』　吉川弘文館　二〇〇九年
岐阜県教育委員会・不破関跡調査委員会『美濃不破関』　一九七八年
木本好信「藤原広嗣の乱について」（『奈良朝政治と皇位継承』）　高科書店　一九九五年
木本好信「『万葉集』巻一・七十二番歌と藤原宇合―宇合の行年四十四歳・五十四歳説の検討―」（『万葉集研究』二三集）　塙書房　一九九九年
木本好信『律令貴族と政争　藤原氏と石上氏をめぐって』　塙書房　二〇〇一年
木本好信『奈良時代の人びとと政争』　おうふう　二〇〇三年
木本好信『藤原仲麻呂―率性は聡く敏くして―』　ミネルヴァ書房　二〇一一年
木本好信『藤原四子―国家を鎮安す―』　ミネルヴァ書房　二〇一三年
木本好信『藤原種継―みやこを長岡に遷さむとす―』　ミネルヴァ書房　二〇一五年

木本好信『藤原式家官人の考察』　高科書店　一九九八年（復刊岩田書院　二〇一九年）
倉住靖彦『古代の大宰府』　吉川弘文館　一九八五年
倉本一宏『内戦の日本古代史　邪馬台国から武士の誕生まで』　講談社　二〇一九年
玄海町町史編纂委員会編『玄海町史』上・下　玄海町教育委員会　一九八八・二〇〇〇年
小番達「延慶本平家物語における広嗣・玄昉関連記事の形成過程の一端―『松浦縁記逸文』をめぐって―」（『国学院雑誌』一一四―一一）　二〇一三年
小松譲「肥前国松浦郡の交通路と官衙」（『条里制・古代都市研究』二三）　二〇〇七年
五味智英「石上乙麻呂の配流をめぐって」（『万葉集の作家と作品』）　岩波書店　一九八二年
近藤直也『松浦さよ姫伝説の基礎的研究』古代・中世・近世編　岩田書院　二〇一〇年
斉藤国治『国史国文に現れる星の記録の検証』　雄山閣出版　一九八六年
斉藤国治『古天文学の道』　原書房　一九九〇年
坂上康俊「日・唐律令官制の特質―人事制度の面からの検討―」（土田直鎮先生還暦記念会編『奈良平安時代史論集』上）　吉川弘文館　一九八四年
栄原永遠男「藤原広嗣の乱の展開過程」（九州歴史資料館編『大宰府古文化論叢』上）　吉川弘文館　一九八三年
栄原永遠男「天平六年の聖武天皇発願一切経―写経司と写一切経司―」（『奈良時代の写経と内裏』）　塙書房　二〇〇〇年

栄原永遠男「千手経一千巻の写経事業」(『奈良時代写経史研究』)　塙書房　二〇〇三年
栄原永遠男『聖武天皇と紫香楽宮』　敬文舎　二〇一四年
坂本太郎「藤原広嗣の乱とその史料」(『坂本太郎著作集』三)　吉川弘文館　一九八九年
櫻木潤「最澄撰『三部長講会式』にみえる御霊」(『史泉』九六)　二〇〇二年
笹山晴生「奈良朝政治の推移」(『奈良の都―その光と影』)　吉川弘文館　一九九二年
滋賀県教育委員会事務局文化財保護課・滋賀県文化財保護協会編『膳所城下町遺跡』　二〇〇五年
重野安繹『右大臣吉備公伝纂釈』　吉備公保廟会事務所　一九〇二年
志佐惲彦「観応3年銘　自然石種子板碑」(『佐賀県立博物館・美術館報』六三)　一九八四年
柴田博子「怨霊思想成立の前提―七・八世紀における死者観の変容と王権―」(柴田博子編『日本古代の思想と筑紫』)　櫂歌書房　二〇〇九年
下向井龍彦「軍団と兵士」(『山口県史』通史編　原始・古代)　山口県　二〇〇八年
『聖武天皇伊勢行幸地の総合的研究』(科学研究費補助金研究成果報告書　研究代表者山中章)　二〇〇七年
末吉武史「九州における古代木彫像の成立」(福岡市博物館編『九州仏　一三〇〇年の祈りとかたち』)　特別展「九州仏」実行委員会　二〇一四年
菅波正人「考古学からみた松浦郡」(『万葉古代学研究年報』二〇)　二〇二二年
鈴木景二「古代豊前の「大坂」峠―古代の坂と境界―」(『郷土誌さいがわ』二三)　二〇〇四年

田井泰子「日本古代遷都論—恭仁京をめぐって—」（『寧楽史苑』二七） 一九八二年
大日本神祇会福岡県支部編『福岡県神社誌』下 一九四五年
高島正人『奈良時代諸氏族の研究—議政官補任氏族—』 吉川弘文館 一九八三年
高田淳「長門国正税帳」（林陸朗・鈴木靖民編『復元 天平諸国正税帳』） 現代思潮社 一九八五年
高槻市民センター郷土史委員会編『国境のまち高槻』 北九州市立高槻市民センター・高槻まちづくり協議会 二〇一六年
瀧川政次郎「複都制と太子監国の制」（『法制史論叢 第二冊 京制並に都城制の研究』） 角川書店 一九六七年
瀧浪貞子「聖武天皇「彷徨五年」の軌跡—大仏造立をめぐる政治情勢—」（『日本古代宮廷社会の研究』） 思文閣出版 一九九一年
竹尾幸子「広嗣の乱と筑紫の軍制」（『古代の日本』三 九州） 角川書店 一九七〇年
多田一臣「怨霊譚二題」（『大学院紀要 二松』二九） 二〇一五年
舘野和己「古代の関と三関」（『条里制・古代都市研究』二四） 二〇〇八年
舘野和己「日本古代の複都制」（『都城制研究 四 —東アジアの複都制—』） 二〇一〇年
舘野和己「聖武天皇の恭仁遷都」（舘野和己編『日本古代のみやこを探る』） 勉誠出版 二〇一五年

田村圓澄「神宮寺と神前読経と物の怪」（『飛鳥仏教史研究』）　塙書房　一九六九年

長洋一「広嗣の乱と鎮の所在地」（『九州史学』七九）　一九八四年

長洋一「藤原広嗣の怨霊覚書」（『歴史評論』四一七）　一九八五年

辻憲男「藤原広嗣の上表文を読む」（『神戸親和女子大学研究論叢』三〇）　一九九六年

辻憲男「野馬台讖は吉備真備がもたらしたか―藤原広嗣の上表文を読む・補遺―」（『親和国文』三八）　二〇〇三年

土田直鎮『奈良平安時代史研究』　吉川弘文館　一九九二年

角田文衞「不比等の娘たち―初期律令政治運営の秘奥をめぐって―」「藤原袁比良」（以上、『角田文衞著作集』5）　法蔵館　一九八四年

寺崎保広『長屋王』（人物叢書）　吉川弘文館　一九九九年

董科「8～9世紀日本における天然痘流行とその影響」（『史泉』一一五）　二〇一二年

東野治之「天平十八年の遣唐使派遣計画」（『正倉院文書と木簡の研究』）　塙書房　一九七七年

東野治之「『続日本紀』所載の漢文作品―漢籍の利用を中心に―」（『日本古代木簡の研究』）　塙書房　一九八三年

東野治之「ありねよし　対馬の渡り―古代の対外交流における五島列島―」（続日本紀研究会編『続日本紀の時代』）　塙書房　一九九四年

東野治之　「野馬台讖の延暦九年注」（『日本古代史料学』）　岩波書店　二〇〇五年

東野治之　「聖武天皇の伊勢国行幸—遷都と大仏造立への一階梯—」（中尾芳治編『難波宮と古代都城』）　同成社　二〇二〇年

遠山美都男　『検証　平城京の政変と内乱』　学研パブリッシング　二〇一〇年

土佐朋子　「藤原宇合「悲不遇」詩の論—藤原宇合の賢者論—」（『国学院雑誌』一一六—一）　二〇一五年

富岡行昌　「藤原広嗣の乱と鏡廟宮」（『松浦党研究』六）　一九八三年

虎尾達哉　「律令官人制研究の一視点」（『律令官人社会の研究』）　塙書房　二〇〇六年

直木孝次郎　「大宰府・平城京間の日程」（『奈良時代史の諸問題』）　塙書房　一九六八年

中川収　「藤原広嗣の親族讒乱」（『史聚』五〇）　二〇一七年

中島功　『五島編年史』（一九三九年著述）　国書刊行会　一九七三年

永田英明　「天皇の行幸」（舘野和己・出田和久編『日本古代の交通・交流・情報2　旅と交易』）　吉川弘文館　二〇一六年

中西康裕　「藤原広嗣の乱」（『続日本紀と奈良朝の政変』）　吉川弘文館　二〇〇二年

中野直毅　「藤原広嗣の乱と古代官道」（『郷土史誌かわら』五八）　二〇〇四年

中村順昭　『橘諸兄』（人物叢書）　吉川弘文館　二〇一九年

名波弘彰　「延慶本平家物語と仏教—興福寺菩提院における広嗣・玄昉説話をめぐっ

て―」（『軍記と語り物』三一）　一九九五年
七山村史編さん委員会編『七山村史』　七山村　一九七五年
西田長男「松浦廟宮先祖次第幷本縁起」（『群書解題』神祇部）　続群書類従完成会　一九六二年
西別府元日「藤原広嗣　西海にきえた「大忠臣」」（佐藤信編『古代の人物2　奈良の都』）　清文堂出版　二〇一六年
西本昌弘『早良親王』（人物叢書）　吉川弘文館　二〇一九年
仁藤敦史『古代王権と官僚制』　臨川書店　二〇〇〇年
仁藤敦史『女帝の世紀―皇位継承と政争』　角川学芸出版　二〇〇六年
仁藤敦史『藤原仲麻呂』　中央公論新社　二〇二一年
仁藤智子「古代行幸の変遷」（『平安初期の王権と官僚制』）　吉川弘文館　二〇〇〇年
野崎千佳子「天平七年・九年に流行した疫病に関する一考察」（『法政史学』五三）　二〇〇〇年
野村忠夫「藤原式家―宇合と子息たち―」（『奈良朝の政治と藤原氏』）　吉川弘文館　一九九五年
橋本裕「射田の制度的考察―律令軍団制とのかかわりにおいて―」（『律令軍団制の研究　増補版』）　吉川弘文館　一九九〇年
服部敏良『奈良時代医学史の研究』　吉川弘文館　一九四五年
花房卓爾「中国における諫争および諫争論の展開（一）春秋時代の諫争（一）―臣下

が行う場合―」(『哲学』二五)　一九七三年
花房卓爾「中国における諫争および諫争論の展開(二)戦国時代の諫争(一)―君臣・主従間における場合―」(『哲学』二六)　一九七四年
浜玉町史編集委員会編『浜玉町史』上・下　浜玉町教育委員会　一九八九・九四年
早川庄八「八世紀の任官関係文書と任官儀について」(『日本古代官僚制の研究』)　岩波書店　一九八六年
林陸朗『奈良朝人物列伝―『続日本紀』薨卒伝の検討―』　思文閣出版　二〇一〇年
原秀三郎「古代国家形成期の東海地域と大和王権―持統天皇の伊勢・参河行幸を中心に―」(『地域と王権の古代史学』)　塙書房　二〇〇二年
日野尚志「豊前国企救郡の駅路について」(『佐賀大学文化教育学部研究論文集』五―二)　二〇〇一年
深沢徹「『宝誌(野馬台)讖』の請来と、その享受―生成される「讖緯」の言説・日本篇―」(『和漢比較文学』一四)　一九九五年
福原栄太郎「天平九年の疫病流行とその政治的影響について―古代環境とその影響についての予備的考察―」(『神戸山手大学環境文化研究所紀要』四)　二〇〇〇年
福原栄太郎「再び天平九年の疫病流行とその影響について」(橋本政良編『環境歴史学の視座』)　岩田書院　二〇〇二年

福山敏男「興福院」(『日本建築史研究　続編』)　墨水書房　一九七一年
古川匠「恭仁宮の構造と造営順序」(『条里制・古代都市研究』三五)　二〇二〇年
北條秀樹『日本古代国家の地方支配』　吉川弘文館　二〇〇〇年
細井浩志「「藤原広嗣上表文」の真偽について」(『古代の天文異変と史書』)　吉川弘文館　二〇〇七年
細井浩志「『続日本紀』の怨霊記述について―藤原仲麻呂と御霊信仰の成立―」(『史聚』四五)　二〇一二年
細井浩志「藤原広嗣と五島列島の水手」(『日本史を学ぶための〈古代の暦〉入門』)　吉川弘文館　二〇一四年
本郷真紹「宝亀年間に於ける僧綱の変容」(『律令国家仏教の研究』)　法蔵館　二〇〇五年
本庄総子「日本古代の疫病とマクニール・モデル」(『史林』一〇三―一)　二〇二〇年
松尾光「藤原広嗣の乱と聖武天皇」(『天平の政治と争乱』)　笠間書院　一九九五年
松尾光「大忠臣の誇りを胸に無念の最期を遂げた藤原広嗣」(『古代政治史の死角』)　花鳥社　二〇二二年
松川博一「大宰府軍制の特質と展開―大宰府常備軍を中心に―」(『九州歴史資料館研究論集』三七)　二〇一二年
松川博一「藤原広嗣の乱」(佐藤信編『古代史講義　戦乱篇』)　筑摩書房　二〇一九年

松崎英一「大弐考―続紀の時代―」（『九州史学』五三・五四合併号）　一九七四年
松本卓哉「律令国家における災異思想―その政治批判の要素の分析―」（黛弘道編『古代王権と祭儀』）　吉川弘文館　一九九〇年
松本政春「広嗣の乱と隼人」（『律令兵制史の研究』）　清文堂出版　二〇〇二年
松本政春「律令制下諸国軍団数について」（『奈良時代軍事制度の研究』）　塙書房　二〇〇三年
松本政春『律令国家軍制の構想と展開』　塙書房　二〇二一年
丸山裕美子「『医心方』の世界へ―天平九年の典薬寮勘文と太政官符―」（『日本古代の医療制度』）　名著刊行会　一九九八年
水野柳太郎「関東行幸と恭仁遷都」（『日本歴史』六七六）　二〇〇四年
水本浩典「大和宿禰長岡と広嗣の乱」（続日本紀研究会編『続日本紀の時代』）　塙書房　一九九四年
美濃部重克「歴史から説話へ―広嗣御霊の説話の場合―」（『文車』一九）　一九六八年
宮田太樹「北部九州における神仏習合造像をめぐる研究―平安時代前期を中心に―」（『鹿島美術研究』〈年報三五別冊〉）　二〇一八年
宮田俊彦『吉備真備』（人物叢書）　吉川弘文館　一九六一年
宗像市史編纂委員会編『宗像市史』通史編二　古代・中世・近世　宗像市　一九九九年

村上哲見「万葉歌人の漢詩Ⅱ」(『中国文学と日本　十二稿』)　創文社　二〇一三年
森公章「古代耽羅の歴史と日本—七世紀後半を中心として—」(『朝鮮学報』一一八)　一九八六年
森公章「藤原広嗣の乱と遣唐留学者の行方」(古瀬奈津子編『古代日本の政治と制度—律令制・史料・儀式—』)　同成社　二〇二一年
森川幸雄「三重県亀山市　鈴鹿関」(『条里制・古代都市研究』二四)　二〇〇八年
森田悌「藤原広嗣の乱」(『天皇と須弥山』)　高科書店　一九九九年
八木充「藤原広嗣の叛乱」(『山口大学文学会誌』一一―二)　一九六〇年
柳雄太郎「広嗣の乱と勅符」(直木孝次郎先生古稀記念会編『古代史論集』中)　塙書房　一九八八年
山下克明「細井浩志著『古代の天文異変と史書』」(『日本史研究』五五五)　二〇〇八年
山田雄司『怨霊・怪異・伊勢神宮』　思文閣出版　二〇一四年
横井孝「平家物語と広嗣・玄昉説話」(『静岡大学教育学部研究報告　人文・社会科学篇』三九)　一九八九年
横田健一「天平十二年藤原広嗣の乱の一考察」(『白鳳天平の世界』)　創元社　一九七三年
義江明子『県犬養橘三千代』(人物叢書)　吉川弘文館　二〇〇九年
吉川真司『天皇の歴史02　聖武天皇と仏都平城京』　講談社　二〇一一年

吉川敏子「仲麻呂政権と藤原永手・八束（真楯）・千尋（御楯）」（『続日本紀研究』二九四）　一九九五年
吉川敏子「遣唐使と改名」（『律令貴族成立史の研究』）　塙書房　二〇〇六年
吉田一彦「国分寺国分尼寺の思想」（須田勉・佐藤信編『国分寺の創建　思想・制度編』）　吉川弘文館　二〇一一年
吉見博「肥前国松浦郡田浦考序説―遣唐使の風待港、相子田停・合蚕田浦・肥前田浦を新たに考える―」（『高野山大学大学院紀要』一一）　二〇〇九年
渡辺晃宏『日本の歴史04　平城京と木簡の世紀』　講談社　二〇〇一年
William Wayne Farris, *Population, Disease, and Land in Early Japan, 645—900*, Harvard University Press, 1985

『増補　大日本地名辞書』　冨山房
『角川日本地名大辞典』　角川書店
『日本歴史地名大系』　平凡社

著者略歴

一九五三年　北海道生まれ
一九八四年　東京大学大学院人文科学研究科博士課程単位取得退学
宮内庁書陵部編修課長、同庁正倉院事務所長、同庁京都事務所長を経て、二〇一四年定年退職

主要論文

「律令国家における将軍について」（笹山晴生先生還暦記念会編『日本律令制論集』上巻、吉川弘文館、一九九三年）
「献物帳管見」（『正倉院紀要』三〇、二〇〇八年）
「『松浦廟宮先祖次第幷本縁起』について」（佐藤信編『史料・史跡と古代社会』吉川弘文館、二〇一八年）

人物叢書　新装版

藤原広嗣

二〇二三年（令和五）十二月十日　第一版第一刷発行

著　者　北　啓太（きた　けいた）
編集者　日本歴史学会
　　　　代表者　藤田　覚
発行者　吉川道郎
発行所　株式会社　吉川弘文館
東京都文京区本郷七丁目二番八号
郵便番号一一三―〇〇三三
電話〇三―三八一三―九一五一〈代表〉
振替口座〇〇一〇〇―五―二四四
http://www.yoshikawa-k.co.jp/
印刷＝株式会社 平文社
製本＝ナショナル製本協同組合

ISBN978-4-642-05315-0

『人物叢書』（新装版）刊行のことば

人物叢書は、個人が埋没された歴史書が盛行した時代に、「歴史を動かすものは人間である。個人の伝記が明らかにされないで、歴史の叙述は完全であり得ない」という信念のもとに、専門学者に執筆を依頼し、日本歴史学会が編集し、吉川弘文館が刊行した一大伝記集である。

幸いに読書界の支持を得て、百冊刊行の折には菊池寛賞を授けられる栄誉に浴した。

しかし発行以来すでに四半世紀を経過し、長期品切れ本が増加し、読書界の要望にそい得ない状態にもなったので、この際既刊本の体裁を一新して再編成し、定期的に配本できるような方策をとることにした。既刊本は一八四冊であるが、まだ未刊である重要人物の伝記についても鋭意刊行を進める方針であり、その体裁も新形式をとることとした。

こうして刊行当初の精神に思いを致し、人物叢書を蘇らせようとするのが、今回の企図である。大方のご支援を得ることができれば幸せである。

昭和六十年五月

日本歴史学会

代表者　坂本太郎

源頼光　朧谷　寿著
藤原道長　山中　裕著
藤原行成　黒板伸夫著
藤原彰子　服藤早苗著
源頼義　元木泰雄著
成尋　水口幹記著
清少納言　岸上慎二著
和泉式部　山中　裕著
源義家　安田元久著
大江匡房　川口久雄著
奥州藤原氏四代　高橋富雄著
藤原頼長　橋本義彦著
藤原忠実　元木泰雄著
源頼政　多賀宗隼著
平清盛　五味文彦著
源義経　渡辺　保著
西行　目崎徳衛著
後白河上皇　安田元久著
千葉常胤　福田豊彦著

源通親　橋本義彦著
文覚　山田昭全著
藤原俊成　久保田　淳著
畠山重忠　貫　達人著
法然　田村圓澄著
栄西　多賀宗隼著
北条義時　安田元久著
大江広元　上杉和彦著
北条政子　渡辺　保著
慈円　多賀宗隼著
明恵　田中久夫著
三浦義村　高橋秀樹著
藤原定家　村山修一著
北条泰時　上横手雅敬著
道元　竹内道雄著
北条重時　森　幸夫著
親鸞　赤松俊秀著
北条時頼　高橋慎一朗著
日蓮　大野達之助著

阿仏尼　田渕句美子著
北条時宗　川添昭二著
一遍　大橋俊雄著
叡尊・忍性　和島芳男著
京極為兼　井上宗雄著
金沢貞顕　永井　晋著
菊池氏三代　杉本尚雄著
新田義貞　峰岸純夫著
花園天皇　岩橋小弥太著
赤松円心・満祐　高坂　好著
卜部兼好　冨倉徳次郎著
覚如　重松明久著
足利直冬　瀬野精一郎著
佐々木導誉　森　茂暁著
二条良基　小川剛生著
細川頼之　小川　信著
足利義満　臼井信義著
今川了俊　川添昭二著
足利義持　伊藤喜良著

世阿弥　今泉淑夫著
上杉憲実　田辺久子著
山名宗全　川岡　勉著
経覚　酒井紀美著
一条兼良　永島福太郎著
亀泉集証　今泉淑夫著
蓮如　笠原一男著
宗祇　奥田　勲著
尋尊　安田次郎著
万里集九　中川徳之助著
三条西実隆　芳賀幸四郎著
大内義隆　福尾猛市郎著
ザヴィエル　吉田小五郎著
三好長慶　長江正一著
今川義元　有光友學著
武田信玄　奥野高広著
朝倉義景　水藤　真著
浅井氏三代　宮島敬一著
里見義堯　滝川恒昭著

上杉謙信　山田邦明著
織田信長　池上裕子著
明智光秀　高柳光寿著
大友宗麟　外山幹夫著
千利休　芳賀幸四郎著
松井友閑　竹本千鶴著
豊臣秀次　藤田恒春著
ルイス・フロイス　五野井隆史著
足利義昭　奥野高広著
前田利家　岩沢愿彦著
長宗我部元親　山本　大著
安国寺恵瓊　河合正治著
石田三成　今井林太郎著
黒田孝高　中野　等著
真田昌幸　柴辻俊六著
最上義光　伊藤清郎著
前田利長　見瀬和雄著
高山右近　海老沢有道著
島井宗室　田中健夫著

淀君　桑田忠親著
片桐且元　曽根勇二著
徳川家康　藤井讓治著
藤原惺窩　太田青丘著
支倉常長　五野井隆史著
徳川秀忠　山本博文著
伊達政宗　小林清治著
天草時貞　岡田章雄著
立花宗茂　中野　等著
宮本武蔵　大倉隆二著
小堀遠州　森　蘊著
徳川家光　藤井讓治著
由比正雪　進士慶幹著
佐倉惣五郎　児玉幸多著
林羅山　堀　勇雄著
松平信綱　大野瑞男著
国姓爺　石原道博著
野中兼山　横川末吉著
保科正之　小池　進著

隠元　平久保章著
徳川和子　久保貴子著
酒井忠清　福田千鶴著
朱舜水　石原道博著
池田光政　谷口澄夫著
山鹿素行　堀勇雄著
井原西鶴　森銑三著
松尾芭蕉　阿部喜三男著
三井高利　中田易直著
河村瑞賢　古田良一著
徳川光圀　鈴木暎一著
契沖　久松潜一著
市川団十郎　西山松之助著
伊藤仁斎　石田一良著
徳川綱吉　塚本学著
貝原益軒　井上忠著
前田綱紀　若林喜三郎著
近松門左衛門　河竹繁俊著
新井白石　宮崎道生著
鴻池善右衛門　宮本又次著
石田梅岩　柴田実著
太宰春台　武部善人著
徳川吉宗　辻達也著
大岡忠相　大石学著
賀茂真淵　三枝康高著
平賀源内　城福勇著
与謝蕪村　田中善信著
三浦梅園　田口正治著
毛利重就　小川國治著
本居宣長　城福勇著
山村才助　鮎沢信太郎著
木内石亭　斎藤忠著
小石元俊　山本四郎著
山東京伝　小池藤五郎著
杉田玄白　片桐一男著
塙保己一　太田善麿著
上杉鷹山　横山昭男著
大田南畝　浜田義一郎著
只野真葛　関民子著
小林一茶　小林計一郎著
大黒屋光太夫　亀井高孝著
松平定信　高澤憲治著
菅江真澄　菊池勇夫著
鶴屋南北　古井戸秀夫著
島津重豪　芳即正著
狩谷棭斎　梅谷文夫著
最上徳内　島谷良吉著
遠山景晋　藤田覚著
渡辺崋山　佐藤昌介著
柳亭種彦　伊狩章著
香川景樹　兼清正徳著
平田篤胤　田原嗣郎著
間宮林蔵　洞富雄著
滝沢馬琴　麻生磯次著
調所広郷　芳即正著
橘守部　鈴木暎一著
黒住宗忠　原敬吾著

水野忠邦　北島正元著
帆足万里　帆足図南次著
江川坦庵　仲田正之著
藤田東湖　鈴木暎一著
二宮尊徳　大藤　修著
広瀬淡窓　井上義巳著
大原幽学　中井信彦著
島津斉彬　芳　即正著
月　照　友松圓諦著
橋本左内　山口宗之著
井伊直弼　吉田常吉著
吉田東洋　平尾道雄著
緒方洪庵　梅溪　昇著
佐久間象山　大平喜間多著
真木和泉　山口宗之著
高島秋帆　有馬成甫著
シーボルト　板沢武雄著
高杉晋作　梅溪　昇著
川路聖謨　川田貞夫著

横井小楠　圭室諦成著
小松帯刀　高村直助著
山内容堂　平尾道雄著
江藤新平　杉谷　昭著
和　宮　武部敏夫著
西郷隆盛　田中惣五郎著
ハリス　坂田精一著
森　有礼　犬塚孝明著
松平春嶽　川端太平著
中村敬宇　高橋昌郎著
河竹黙阿弥　河竹繁俊著
寺島宗則　犬塚孝明著
樋口一葉　塩田良平著
ジョセフ＝ヒコ　近盛晴嘉著
勝　海舟　石井　孝著
臥雲辰致　村瀬正章著
黒田清隆　井黒弥太郎著
伊藤圭介　杉本　勲著
福沢諭吉　会田倉吉著

星　亨　中村菊男著
中江兆民　飛鳥井雅道著
西村茂樹　高橋昌郎著
正岡子規　久保田正文著
清沢満之　吉田久一著
滝　廉太郎　小長久子著
副島種臣　安岡昭男著
田口卯吉　田口　親著
福地桜痴　柳田　泉著
陸　羯南　有山輝雄著
児島惟謙　田畑　忍著
荒井郁之助　原田　朗著
幸徳秋水　西尾陽太郎著
ヘボン　高谷道男著
石川啄木　岩城之徳著
乃木希典　松下芳男著
岡倉天心　斎藤隆三著
桂　太郎　宇野俊一著
徳川慶喜　家近良樹著

加藤弘之　田畑　忍著
山路愛山　坂本多加雄著
伊沢修二　上沼八郎著
秋山真之　田中宏巳著
前島　密　山口　修著
成瀬仁蔵　中嶌　邦著
前田正名　祖田　修著
大隈重信　中村尚美著
山県有朋　藤村道生著
大井憲太郎　平野義太郎著
河野広中　長井純市著
富岡鉄斎　小高根太郎著
大正天皇　古川隆久著
津田梅子　山崎孝子著
豊田佐吉　楫西光速著
渋沢栄一　土屋喬雄著
有馬四郎助　三吉　明著
武藤山治　入交好脩著
坪内逍遙　大村弘毅著
山室軍平　三吉　明著
阪谷芳郎　西尾林太郎著
南方熊楠　笠井　清著
山本五十六　田中宏巳著
中野正剛　猪俣敬太郎著
三宅雪嶺　中野目　徹著
近衛文麿　古川隆久著
河上　肇　住谷悦治著
牧野伸顕　茶谷誠一著
幣原喜重郎　種稲秀司著
御木本幸吉　大林日出雄著
尾崎行雄　伊佐秀雄著
緒方竹虎　栗田直樹著
中田　薫　北　康宏著
石橋湛山　姜　克實著
八木秀次　沢井　実著
森戸辰男　小池聖一著

▽以下続刊